好好谈判

如何简单而高效地赢得谈判

谢辉◎著

中国友谊出版公司

图书在版编目（CIP）数据

好好谈判 / 谢辉著. — 北京 : 中国友谊出版公司，2019.4

ISBN 978-7-5057-4655-8

Ⅰ. ①好… Ⅱ. ①谢… Ⅲ. ①谈判学—通俗读物 Ⅳ. ① C912.35-49

中国版本图书馆 CIP 数据核字（2019）第 057153 号

书名	**好好谈判**
作者	谢　辉
出版	中国友谊出版公司
发行	中国友谊出版公司
经销	新华书店
印刷	天津旭丰源印刷有限公司
规格	700×980 毫米　16 开 17 印张　180 千字
版次	2019 年 6 月第 1 版
印次	2019 年 6 月第 1 次印刷
书号	ISBN 978-7-5057-4655-8
定价	45.00 元
地址	北京市朝阳区西坝河南里 17 号楼
邮编	100028
电话	（010）64678009

如发现图书质量问题，可联系调换。质量投诉电话：010-82069336

目　录

前　言

本书秉承靠谱、系统、落地、好记四大特点撰写。

本书内容的靠谱是源自三个方面的综合汇集。

第一个方面是源于作者长期从事商务谈判、合同谈判的总结和沉淀的直接经验。作者曾获得美资500强销售冠军，并长期担任500强外企的谈判教练，曾先后主导并参与了1000余场和国企、民企以及外企的商务谈判，谈判对象既有空客、可口可乐这样的世界500强企业，也有西飞、中船重工这样的重量级国企，还有富士康、台达这样的知名台企，所以，作者在10余年的销售经历中积累了丰富的商务谈判经验，熟悉不同国家和地区企业的谈判风格，了解不同资质背景企业的谈判诉求。当然，在这个过程中也吃过一些亏，走过一些弯路，造成过一定程度的损失，在这些得失过程中，积累了丰富的直接谈判经验。

第二个方面是集成和凝聚了国内外100余本谈判和交涉类书籍的间

接经验。作者是营销专业硕士出身，具备扎实的营销理论功底，并针对谈判专业阅读了很多国外的专业书籍来补充谈判理论，完善谈判理论，最终让直接经验和间接经验有机结合。

第三个方面是经过众多学员对本书谈判系统实际应用后的升级迭代。本书所呈现的五大要素、四个步骤的谈判系统是经过几次改良升级后的迭代内容。本书内容升级迭代的过程也就是众多学员通过实践操作来检验修正本书内容的过程。通过学员们的反馈，作者更加细化了能够帮助大家的部分，删减了大家很少使用的部分，最终呈现的版本就是眼前这本书的内容。

非专业人员和专业人员在从事一项工作时最大的区别就在于行为的系统性。本书的内容分为五大要素和四个谈判步骤，这样的系统设置能够帮助需要学习谈判的人首先从高屋建瓴的角度对谈判这件事有一个宏观的把握，不再纠结于到底该如何学习谈判，以及从哪里入手学习谈判。

此外，本书系统性的设置也能够让那些已经有了一定谈判经验，但需要进一步提高自己谈判能力的人，把自己的经验有针对性地代入到学习过程中，他们可以从本书的内容中快速地找到自己熟悉的部分和自己需要加强的部分。

同时，作者认为对于所有门类的学习来说，了解学科全貌以后才能更有效地学习各个细分的部分，而“只见树木不见森林”的学习是无法真正掌握这个门类的。

由于作者长期从事销售谈判和谈判培训工作，所以知道学员们最希望能学习到可以马上应用到自己实际工作和生活中的“谈判动作”。因此，在本书各个章节后面，作者会对本章节中可以“落地”成具体“谈判动作”的内容进行梳理，同时还会给读者布置谈判建议——“想想看”和“试试看”，让读者不仅能学到落地的谈判动作，还能提前设计出适合自己的谈判动作。

作者一直信奉一个道理，即能记住的谈判技巧才是好技巧。为了让读者能够把看过的谈判技巧学以致用，书中把一些常用的谈判技巧总结在了各个章节后面。此外，作者还对各个章节的标题进行了一些针对性的调整，让这些标题可以贴近读者的生活，让读者朋友看过后，能记住，进而会使用这些谈判技巧。果真如此，也就实现了作者进行谈判培训的目的。同时，作者将本书内容总结为五大要素、四个步骤，也是为了帮助读者能快速地记住这些方法和理论，让大家在学习的同时就实现了记忆。

本书的结构设置

本书将按照五大要素和四个步骤的顺序依次展开，对于每个细分部分都按照是什么、为什么、怎么样来具体介绍，这样的设置便于读者既能学到落地的实战打法（know how），也能知道实战打法背后的原理（know why）。这样一来，读者就可以在原理的指导下，根据不同谈判场景来变换使用实战打法，而不是固化地应用书中介绍的各种谈判技巧。

不过，正如没有包治百病的灵丹妙药一样，这个世界也不存在万能的谈判方法，希望各位读者能通过本书中谈判系统的学习和实战练习，形成适合自己的谈判风格，并能自如地应对工作和生活中的谈判场景，至少能让自己在今后的谈判中不吃亏，这就是作者创作本书以及从事谈判培训工作的初心。

如果有读者朋友希望能和作者进一步交流，或者在学习本书过程中遇到了问题，都可以发送邮件到 a_lex@126.com，作者会尽快回复大家的问题。

最后，作者想对所有读者朋友提出一个请求，如果你通过本书的学习得到了谈判能力的提高，最终在未来的谈判中实现了更大的收获，请把你的收获告诉我，让我来分享你的喜悦。

邮箱地址是 a_lex@126.com

微信公众号是【舌尖赢家】

通过上述两个方式都可以联系到作者，我等待各位读者的好消息！

本书使用方法

1. 如果你正在准备一场谈判

首先，请将本书翻到第六章“高效谈判实战指南”，按照“指南”的顺序来操作第一个步骤，在进行第一步中规定的填写表格的工作时，如果遇到问题，请到本书前五章中进行查找学习，比如在填写“谈判预算表”时，不了解什么是谈判预算，或者不知道如何界定自己的谈判预算时，就把本书翻到关于谈判预算的章节，按图索骥地学习。

这样一来，就算没有经过训练的读者，也可以通过本书第六章的实战指南，在五分钟内完成对于谈判的大致准备，不至于让自己在谈判中措手不及。

2. 如果你不熟悉谈判，希望学习这项技能

首先，请把本书翻到目录，搜寻自己最感兴趣的谈判模块来逐项学习，由于本书在设置时是按照五大要素分别独立存在的模块形式来安排的，所以，读者可以分模块来学习，而不必担心学习逻辑的割裂。其次，经过各个模块的学习以后，再来学习本书的实战指南。

3. 如果你经常从事谈判，希望有所提高

请结合自己近期的谈判经历，先快速地浏览本书的五个要素模块，然后重点做一做每个要素模块最后的“想想看”和“试试看”。具体方法是根据自己经常进行的某一个或某一类谈判按照本书中的谈判五要素模块来重新梳理整合，然后填写下来。这个工作也是我在实际的谈判培训中要求学员进行的功课。这样做的目的是让这本书里的谈判方法真正内化成适合你自己的谈判方法。

没有一本书可以教会你应对你自己的谈判难题，有的人在进行二手房交易谈判，有的人在进行商务采购谈判，有的人在进行合伙人股权谈判，有的人在进行商业并购谈判……每个人面对的谈判情境都有所不同，但你却可以通过把书中的方法结合自己的实际情况来打造只属于你自己的“谈判攻略”。对于已经从事谈判一段时间的朋友，我希望你在阅读本书后，能整理出一页只有你看得懂的“谈判攻略”。拿着这份攻略，你今后就可以在你的谈判领域呼风唤雨，所向披靡！

别让不会谈判伤害你

“谈判”，提到这两个字时你会想到什么？

是西装革履，正襟危坐在长条形会议桌两端的商务人士，还是绑匪来电铃声响起时，头戴耳机，数着“一、二、三”然后接起来的警方谈判专家，又或者是一同出现在国际媒体面前的外交官员正在缓步进入大型会议室前的新闻片段？

这些确实都是不同类型谈判的画面，但这只是纷繁复杂的谈判类型的冰山一角，在冰山下面还有无数种谈判的画面。

是的，谈判绝不只是商务人士间的握手言谈，绝不只是警察和绑匪之间的“斗智游戏”，也绝不是国际政要间的唇枪舌剑，谈判无所不在，谈判和我们普通人息息相关。有时一天一次，有时会更多。

美国高校的谈判学教材《汤普森谈判学》中，把谈判定义为，“谈判是当我们无法独自完成目标时，必须采取的，通过人际沟通进行决策的过程”，简单地说，就是当没有他人的配合就无法完成目标时，你就必须和他人进行谈判。

按照这个定义，我们可以发现，谈判这项工作，我们每天都要进行。我们会在工作场所进行，我们也会在家庭进行，我们甚至会在游乐场进行，是的，只要是在一个具体的时间和地点，我们又需要别人的配合时，谈判就会进行。

而很多时候，比起新闻中的那些谈判，我们日常生活中的谈判结果对我们来说更重要，因为它们会直接影响我们的平安、健康和工作效率。

比如，你在劳累一天之后想安安静静地吃晚饭，而你淘气的孩子却要求你为他修理玩具、陪他玩耍，那么你就必须和他谈判；

比如，如果你的目标是卖掉自己的房子，换到更好的社区居住，但这样就会成为房奴，你就必须和自己原本就不想搬走，也不想成为房奴的太太谈判。

人生就是一场谈判，不管是在职场，还是在家里，大多数的人际互动都是一场谈判，而且最终可以浓缩成一个简单的原始动物冲动：我要。

我要你接受那份100万的报价。

我要以两万元的价格成交。

我要你给我加薪10%。

我要你在晚上10点前上床睡觉。

谈判有两个明显与生活息息相关的基本功能，一是搜集信息，二是影响行为，而且只要是“一方想从另一方身上得到某样东西”的互动，几乎都是一种谈判。我们的事业、财务、名声、恋爱及婚姻生活，甚至是孩子的命运，某种程度上都要看你的谈判能力。

谈判就是有连带后果的沟通，在生活中取得自己想要的东西，其实就是从别人身上得到东西，或者是一起合作拿到东西。此外，所有的人际互动都免不了冲突，因此很实用甚至很关键的一件事就是懂得如何在冲突中让自己得偿所愿，并且全身而退。

在继续聊谈判前，我想先问你一个问题：

你会不考驾照就开车上路吗？

常规情况下，你的答案一定是不会。

你不仅不会不考驾照，你还会在驾校认真学车、练车，甚至想办法让教练给你“开小灶”。你还会背诵交通规则，背诵类似“打灯降速踩离合”这样的转弯口诀。

在真的开车上路前，你还会买保险、安导航、检查灯光和后视镜。

你做这些的原因是你不只担心没有驾照开车会被警察重罚，你更担心出现交通事故。为什么？因为，你知道开车是一项技能，凡是技能就一定要通过学习才能掌握，而没有人可以不通过学习天生就能掌握一项技能。

现在，我要告诉你，谈判也是一项技能。

但有多少人是在学习过谈判以后才开始谈判的呢？

事实是，我们普通人每天花在谈判上的时间要超过开车的时间，可我们花在学习谈判上的时间，却远远少于我们花在学习开车上的时间。

那么可想而知，这样做的后果是，我们大多数人因为没有掌握谈判这项技能，每天都在被谈判吃亏而伤害。

你因为不会谈判，多花了10万元买下了房子，这10万元本可以用来装修；

你因为不会谈判，没有让房东给你安装空调，让你在炎炎夏日里流汗、受罪；

你因为不会谈判，没有在和化妆品卖家的投诉交涉中拿回你本该得到的三倍赔偿。

当代社会最大的变化是，我们从一个熟人社会转变为一个陌生人社会，我们原本的生活空间和交往半径，因为移动通信和飞机、高铁的发展被急速放大。我们每天必须与很多我们不熟悉、不了解的人和组织打交道。我们必须面对各种需要沟通交涉的情景，你要在网上买东西，你要出国旅游，你要在陌生城市乘坐出租车，你要向不认识的人买房子，你要去大城市的医院看病，等等。

在这些需要对方配合来完成你的诉求的情况下，你都需要谈判。

谈判这项技能可以让我们在这些情境中，进则可以拿到我们想要的东西，退则能帮助我们守住自己的底线。一句话概括，学会了谈判，至少能保证你对外交往不吃亏。

既然谈判如此重要，那么，我们每个人都应该学习一下这项技能，逻辑谈判术就是一套适用于普通人的可以快速学习掌握的谈判方法。

特斯拉创始人埃隆·马斯克因为连续创业成功，被世人认为是继乔布斯后最伟大的创业者。他创立的公司除了特斯拉，还包括第一家发射火箭的私人公司 Space X，最早的手机移动支付公司 PayPal。

当他在 TED 大会上演讲时，主持人问他 :“你是如何做到的？”

这些公司涉足的领域不仅差别如此之大，而且最后成长的体量都十分庞大，到底是用什么方法做到的呢？

主持人接着问 :“你的秘密武器是什么？”

马斯克回答 :“我在想存在一种好的思维框架（a good framework for thinking），那是物理学的东西，你知道，有点儿像第一原理推理（first principles reasoning），总结来说，就是先从事物的本质开始着手，然后向上推导，和从已知的原理向下推导正好相反。”

爱因斯坦最热衷于采用第一性原理来开展工作，据说是因为他的记忆力不太好，所以，当爱因斯坦在遇到一些领域的问题时，比如引力，他就会从牛顿的基本公理出发来向上推导，而不是试图记住已经由其他人推导得出的结论。

我们可以看到，像爱因斯坦、埃隆・马斯克这样的人之所以取得如此伟大的成就，和他们把“第一性原理”作为思维原点的习惯密不可分。

第一性原理的本质就是框架思维（framework mind），即思考问题的底层源代码。当你具备框架思维时，你就有了解决任何问题的思维源代码，你的思维便有了结构，而思维没有结构是很多人在处理谈判时吃亏的本质原因。

本书提供了一套谈判的底层思维框架，在这个框架思维的指导下，即使你是一个没有经过谈判训练的菜鸟，本书提供的方法也可以使你的谈判思维没有死角。当你按照本书的谈判结构来逐项梳理自己思维的时候，你的视角会逐渐清晰，并慢慢识别出自己的优势在哪里，自己的谈判抓手在哪里，你会变得自信起来，你的谈判也会变得主动起来。当你在谈判中拥有主动权时，你谈判吃亏的可能性就会大幅度降低，而这就是框架思维的力量，就是本书的力量。

第1章

明确这一点，提高你的谈判效率

没有目标的谈判都是浪费时间

据统计，《西游记》是我国电视历史上重播率最高的电视剧，没有之一。在这部重播率最高的电视剧中有一句话重复率同样最高，这句话就是唐僧说的：

“贫僧唐三藏，从东土大唐而来，去往西天拜佛求经。”

据统计，这句话在剧中一共出现了24次。这句话看似简单，实则颇有深意，因为这句话说清了三个问题：**我是谁？从哪儿来？到哪儿去？**

这三个问题是著名的哲学三问，是每一个能被称为“思想家”的人都必须回答的问题，而其中最重要的就是第三个问题：**到哪儿去？**

到哪儿去的问题就是目标是什么的问题，这个问题之所以重要，是因为后面所有的行为都是由目标问题派生的，目标就是1，其他都是1后面的0，可以说，拥有目标，就有一切，没有目标，一切归零。正如唐僧如果不到西天去，《西游记》的故事就不会存在一样。

讲谈判却讲到了哲学问题，是因为我见过太多人有很好的谈判筹码，有很好的谈判策略，但由于没有谈判目标，或没有设定正确的谈判目标，最终导致谈判结果非常不理想，甚至对未来都造成了很大的影响。

所以，在本书谈判结构的五大要素中，谈判目标排在第一，这样的安排就是让大家养成“每逢谈判，先定目标”的良好谈判习惯。当谈判目标确定后，后续的工作就有了重心和取舍标准，具体说，就是凡是有助于达成目标的要素，我们都要保留，凡是无益于达成目标的要素，我们都要舍弃。

一、不能解决问题的谈判都不是好谈判

拿破仑说：“不想当将军的士兵不是好士兵。”本书的标准是，不能解决问题的谈判就不是好谈判。

凡是谈判，必有目标，目标就是谈判存在的意义。

凡是目标，必要解题，解决问题是设定谈判目标的唯一标准。

谈判作为一种目的性非常明确的沟通行为，它的目标也必然带有非常强的目的性，也就是说，谈判的目标一定是解决某个问题，而绝不是图一时痛快或争个我赢你输。

让我真正意识到谈判和输赢无关和解决问题有关，是因为销售生涯中第一个做丢的客户。

这是一家太阳能生产企业，我所在的美国公司已经和这家企业合作了三年，我们为这家企业供应一种工业耗材，每月的供应量在120吨左右，算是一个中等用量的客户。合作期间虽然有些小摩擦，但总体来说合作还算顺利，只是有一点，这个客户的付款不是很好。

我接手这个客户以后，慢慢发现，他们的付款越来越差，而我所对接的采购员也从原来比较温和的一个大姐变成了一个攻击性很强的中年女性。随着对方货款拖欠账期越来越长，我在公司内部的压力也越来越大，因为公司对于每个客户的回款账期都有KPI指标。

和这个客户矛盾的爆发源自公司内部的一封邮件，这封邮件是财务部门整理的账期超期客户清单，并要求所有销售要尽快解决这些客户的欠款问题。我便和客户公司的采购交涉，要求对方付款，并告知其已经拖欠了三个月的货款，再这样下去，会影响给对方发货。可没想到，客户的采购十分强硬，在电话中告诉我："我们现在就是没有钱，有胆量就给我们公司断货！"然后，她就挂断了电话。

理论上来说，客户只要拖欠超过两个月的货款，按照合同就允许我方断货，因为对方拖延货款的行为已经违约在先，但在实际操作中，很少会有人真的断货，因为大家都是以和为贵。但是当对方明明理亏，却仍然强硬地挑战我时，我也失去了耐心。我马上电话告知销售经理刚才和客户催款的结果，并请示能否断货，销售经理告知我可以断货，然后我马上告知运输部，接到此客户的订货电话也不要给他们发货，他们已经欠款超期，符合断货条件，并转发了财务部门的邮件，运输部告知他们会按合同规定来断货。

由于此客户每天都要送货，所以只要一断货，他们马上就会知道。可第二天我却等来了销售经理的电话，销售经理质问我，断货后客户是否付款了？我说没有收到客户的货款，销售经理生气地说那是因为客户已经用别家的货了，他刚接到了客户负责人的电话，告知他由于我们的断货给他们造成了严重的影响。但鉴于他们确实欠款超期，所以客户不追究我方断货给他们造成的损失，但同时也和我方解约，不再使用我方的工业耗材。

销售经理对客户的解约非常生气，因为这个客户每月带来的销售额比较可观，短期内很难找到其他客户代替，而我也因为这次的断货事件受到了影响，在年底的考评中成绩不良。事后我了解到客户的采购也因为她的强硬和鲁莽付出了代价，她个人承担了断货的全部责任，不仅在全公司大会上做了检讨，还被扣除了几个月的奖金。

可以说，我和客户采购员的这场收款谈判最终以双输收场，因为我们都忘记了这场谈判的目标到底是什么，我们都被所谓的“输赢”、所谓的“面子”冲昏了头脑，进而做出了不恰当的行为。

我谈判的目标是把客户的款收回来，给客户断货是一种迫使客户付款的手段，只有解决掉客户欠款这个问题，我的谈判才算成功，可我谈判的最终结果却是客户没有付款，还和我方解除了合同。这个教训让我深深地记住了，**每次谈判都是一次解决问题的尝试，而不是一次和谈判对手的比赛**。

二、双赢是谈判的最大陷阱

前面我们明确了谈判的目标就是要“解决问题”，可以说，凡是不以解决问题为目标的谈判不仅不是好谈判，更是耍流氓。

这里就要提到普通人在谈判中最容易犯的错误——追求双赢。

何谓双赢？就是指在谈判中，对方赢，己方也赢，简称“双赢”。

最初入行做销售时，我常听到前辈告诉我，沟通要双赢，谈判要双赢，也听到过客户告诉我，合作要双赢，对此，我曾深信不疑。

我相信很多朋友也同样都听说过“双赢”的说法，甚至很多人也像我一样，都曾经把“双赢”当作自己日常沟通和谈判的原则来奉行，当作每一次谈判的目标来达成。

但是，在经历多年实战谈判磨炼后，我要告诉大家，所谓的“双赢”完全是个伪命题，而追求双赢，则是谈判中最大的陷阱，一旦你陷入双赢思维，那么，你可能不仅无法达成自己的谈判目标，甚至会落入对方设下的圈套。

为什么？

因为所谓的“赢”只是一种主观感受，它并不是一个看得见摸得着的实际结果，赢是感受过于主观，并呈动态变化。

第一，赢是主观的。

输或赢都是一种感受，这种感受完全取决于自我认知。

你也许很清楚自己对于输赢的判断标准，但对于谈判对手如何定义输赢，你就很难知晓。这样一来，如果单纯地追求双赢，你就会被对方牵着鼻子走，因为对方的赢是对方定义的，你要配合他“赢”，你就得被他带着走。我们可以想一想，在一个被对方带着走的谈判中，你有多大机会能实现自己的谈判目标呢？

第二，赢是动态的。

既然输赢都是主观感受，那么输赢的定义也就很容易发生变化，因为人的认知是在不停根据外在条件的变化而发生变化的。当“赢”的参照物发生变化时，“赢”的定义也必然发生变化。

1870年，美国西部联合公司正深陷于和电报行业对手的竞争中，为了能在电报行业脱颖而出，西部联合公司的老板打算购买发明家爱迪生的一项电报专利。

两人经爱迪生的朋友介绍后见面，爱迪生给西部联合公司的老板演示了自动发报机如何工作，老板自己试了试，非常满意。随后，西部联合公司的老板便询问爱迪生打算多少钱卖掉这个专利。爱迪生心里想的数字是5000美元，但因为金额太大，他没勇气说出来。

西部联合公司的老板问了几次，爱迪生也没有说话，他便直接问爱迪生：“4万美元怎么样，能成交吗？”

爱迪生当时欣喜若狂，他没想到老板会出这么高的价格，便马上答应4万美元成交。

我相信大家看到这里，一定都会替爱迪生高兴，都认为爱迪生在这次价格谈判中“赢”了，因为他赚到的是原计划的8倍。但故事并没有结束，在爱迪生高兴地走后，西部联合公司的老板对爱迪生的朋友说：

“真没想到，这个专利这么便宜就买到了，我原打算花8万美元买下的。”

看到这里，大家有什么感觉？是不是觉得爱迪生卖亏了？是不是觉得，爱迪生如果再坚持一会儿，就能赚得比4万美元更多？

这个时候，很多朋友就不会再觉得爱迪生“赢”得了这次谈判，因为，刚才的“赢”参照标准是5000美元，现在的不“赢”参照标准是8万美元。所以说，赢是动态的，它因参照物的变化而变化，你如果把一个动态的指标当作谈判目标来追求，将永远无法达成。

总的来说，在实战谈判中，从来都没有双赢的谈判，只有解决问题的谈判。始终牢记，谈判要专注在自己可控的地方，对方如何解决问题，那不由我们掌控。

如果今后，我们在商务沟通和谈判中再听到有人提起“双赢”时，就要小心了。提起“双赢”的人，要么是菜鸟，要么是老油条，我更倾向于他们是后者，因为在商务谈判中“扮猪吃老虎”的情况比比皆是。

我们在明确了谈判目标的认定原则和注意事项后，接下来，就要具体谈一谈谈判目标都包含哪些。

这三步帮你确定谈判目标

那么，所谓的谈判“目标”又是具体指什么呢？或者说，在实际谈判中如何设定谈判目标呢？我们对于谈判目标的定义是“达成解决方案”。具体来说，设定谈判的目标有三个步骤。

步骤一：定义问题和困境

我们在谈判前要仔细思考——我们遇到的困境究竟是什么，我们要解决的问题是什么，以及不能解决这些问题会影响我们的哪些利益，影响的深度有多少。

比如天气变冷了，我们要解决的问题是“御寒”，我们面对的困境是“无法御寒”，如果不能解决这个问题，我们将会“挨冻”，影响的深度是如果气温低于零摄氏度，我们将会被冻伤，我们的基本安全无法保障。

步骤二：给出解决方案

在确定待解决的问题之后，下面一步就是列出解决方案，方案要细化到具体的时间、地点、人物、执行步骤等内容。当然，解决方案不止一种，我们在谈判的前期准备阶段一定要给出至少两种解决方案，因为解决方案的多寡会直接关系我们在谈判中的优势有多少。

接着上面的例子，在明确了我们要解决的问题“御寒”以后，我们能想到的第一个解决方案是“穿更多的衣服”来保暖御寒，第二个解决方案是“有供暖装备”来保证身体的温度，第三个解决方案是“到温暖的地方”来躲避寒冷。

步骤三：把解决方案设为目标

这样，明确了上述解决方案后，我们在每一种解决方案的实施过程中——“达成解决方案”就是我们的谈判目标。比如在实施第一个解决方案中，有御寒的衣服是我们的谈判目标，我们需要和服装店主进行买卖谈判，在第二个解决方案中，有供暖装备是我们的谈判目标，我们需要和空调销售商进行买卖谈判，以此类推。

通过上面的三个步骤，我们就可以给每一次谈判设定合理的谈判目标，并且通过谈判目标的引领来组织后面的一系列谈判动作。

一、三线法——设置最高目标和最低目标

请大家在设定目标时形成一个惯例，即将谈判目标分为最高目标和最低目标。因为，对于解决问题的方案一定会有多个，其中最好的那一个方案就是我们谈判的最高目标，而刚刚能解决问题的那个方案则是谈判的最低目标。此外，设定最高目标和最低目标的搭配也是为了应对谈判过程的不确定性而做的灵活性应对，因为如果谈判目标只是一个不可更改的数字，那么在实际谈判过程中难免会和对方陷入纠缠当中，但如果谈判目标是两个数字组成的区间，那么实现的可能性

就会大幅度提高。

能够兼容谈判中最高目标和最低目标的方法就是“三线法”。

所谓“三线法”，就是把谈判按照最佳情况、实际目标和最低需求依次对应为谈判目标的上线、中线和下线。

上线是我们对于谈判结果的期望，也就是我们谈判的最高目标，这部分可以是我们最理想的一个结果、一种解决方案、一个价格等等。

中线是我们在谈判中的真实意图，也就是谈判的实际目标，这部分是更为务实的内容，是在大多数情况下通过谈判最终能得到的结果。

下线是我们需要通过谈判满足的最低需求，也就是谈判的最低目标。这部分是谈判能存在的意义，也是我们通过谈判能达成的最差情况，因此，三线法中的下线又被称为“谈判红线”，一旦突破红线，我们就必须放弃谈判。所以，我们虽然会在三线法中标注好下线这条红线在哪里，但在实际谈判中我们几乎不能以“红线”方案成交，至少要比红线高一点。红线存在的意义就是时刻提醒我们底线在哪里，放弃点在哪里，而不是真的要走到那里。

上线：最佳情况
中线：实际目标
下线：最低需求

在实战谈判中使用三线法时，大家可以在纸上画三条平行线，然后在每条线的上方分别写上“上线、中线、下线”，然后就开始认真地思考自己希望在这场谈判中达成的最高目标（期望）、实际目标（意图）和最低目标（需求）都是什么。

三线法对于谈判目标设定的有效性在于，它帮助我们定义了谈判目标的心理区间，也就是上线和下线之间的区间，凡是这个区间内的任意一点都是我们可以接受的成交点，这样一来，我们在谈判中和谈判对手的应对会更自如。

在商务谈判中，我们可以用三线法来设定价格目标。

以房产买卖为例，一套100平方米的公寓，价格目标可以这样设定：

卖方	买方
上线：240万	上线：200万
中线：215万	中线：210万
下线：209万	下线：215万

以物流运输谈判为例，一车蔬菜的交货期目标可以这样设定：

甲方	乙方
上线：5天	上线：15天
中线：7天	中线：10天
下线：10天	下线：8天

上述这两个案例中，谈判双方都使用了三线法定义了自己的目标谈判区间，这样一来，双方在具体的谈判中就有了明确的交易范围，双方进行谈判时的效率也变得更为高效。同时，在熟练使用三线法以后，我们要在谈判中习惯性地去试探谈判对手的下线在哪里，因为只要找到了对方的下线，我们就能迅速判断这场谈判能否继续走下去，能走多远。

比如，如果对方的下线让我方无法承受，则不用再浪费时间继续和对方交涉；

如果我方可以承受对方的下线，则把谈判的精力放在如何接近对方的红线上面。

二、买卖不成仁义在——设置关系目标

虽然中国人历来非常看重人际关系，但在实战谈判中，却没有管理关系的概念。实际上，谈判除了要设定实质性的谈判目标以外，还需要明确和谈判对手的关系目标。

谈判的类型丰富多样，有一次性的街头谈判，还有长期合作性的合同谈判，还有和绑匪之间的人质谈判，这些谈判中，谈判双方的关系好坏对于谈判的走向有时影响巨大。在谈判开始之前，你就需要根据你对于谈判双方的合作期限来设定此次谈判的关系目标。

具体说，谈判的关系目标分为短期合作和长期合作两类。

短期合作：一般来说，个人的生活谈判很多都是短期合作，比如租房谈判、买卖房产谈判、服务投诉等等。

长期合作：一般来说，涉及商务谈判的基本都是长期合作，比如和供应商谈判、和客户谈判、劳资谈判等等。

短期合作目标和长期合作目标在影响谈判策略上最大的不同就在于**筹码交换的即时性不同**，即短期合作要求立刻交换筹码，长期合作不要求立刻交换筹码。

如果确定谈判双方的关系为短期合作，则谈判双方在谈判中一定会要求筹码交换立刻进行，不能拖延，因为谈判双方有可能只谈这一次，未来双方在生活中不会再有交集，所以，不能延迟交换。中国人讲究“凡事留一线，他日好相见”，可当“他日不相见”时，谈判双方都会开始“耍心眼”，希望能在谈判中获得更多回报。这时，谈判双方就需要使用很多谈判策略来给自己争取最大的利益回报。

如果确定谈判双方的关系为长期合作，则谈判双方在谈判中不一定会要求筹码交换立即发生，对长期合作关系更看重的一方一般在做出让步后，不会马上要求对方也给出相应的让步作为交换，而是通过不要求对方让步来让对方产生“愧疚感”，从而加强双方的长期合作关系，以便在未来的谈判中，换得对方让步而己方不让步。

这个方法在普通人的生活中十分常见，我们常常对亲戚朋友的要求给予帮助，而不必要求对方给予回报，因为你知道自己未来一定有一天需要别人的帮助，这种形式的最典型表现就是红白事中的“随礼”现象。在别人家中出现红白事的时候，你去随礼，以后在你的家中出现红白事时，曾经收过你随礼的人也会来你家随礼，中国人称之为“礼尚往来”。人与人之间的关系就是在这样的一次次“礼尚往来”中得到加强。

所以，如果是长期合作的谈判，很少有人能做到永远占便宜，同时，基本上也不会有人永远吃亏，因为当时间拉长以后，单次谈判中的赔赚会被抹平。所以，在长期合作的谈判中，谈判策略的重要性要远低于短期合作的谈判，而维系关系的重要性则远高于短期合作的谈判，当然维系长期合作关系也不是一件十分容易的事，在谈判中也需要一定的技巧和方法来实现。

在设定谈判目标的时候，除了要明确目标的种类，还要明确设定目标的原则，否则，谈判目标的设定就会产生很大偏差，有时不仅不能解决问题，还会让问题变得更严重。

设定目标需遵循二八定律

原则一：匹配战略——设定目标要远近兼顾

1949年4月，中国共产党最高领导集体从河北西柏坡出发，进驻北京。毛主席在从西柏坡出发前往北京前，向全党发表了一篇重要讲话，毛主席说道：

“夺取全国胜利，这只是万里长征走完了第一步。如果这一步也值得骄傲，那是比较渺小的，更值得骄傲的还在后头……中国的革命是伟大的，但革命以后的路程更长，工程更伟大、更艰苦。”

以毛泽东为代表的共产党人在从28年血与火的磨难中走出来，实现他们夺取全国胜利的目标后，没有一点儿兴奋，反而告诉自己，“这只是万里长征的一小步”，告诉自己不要忘了“实现共产主义”的终极目标，这真的很难不让人动容。

毛主席的这段话，对于谈判来说，意义非凡。因为设定目标的第一个重要原则就是，必须兼顾远期目标和眼前利益的平衡，二者出现冲突时，以实现远期目标为第一优先。这样的谈判目标原则，尤其适用在商务谈判中。因为每个公司都会有整体的公司发展战略，这个战略是长期不变的，而每次具体商务谈判要解决的问题不一定都是一样的，那么如何设定每次具体谈判的目标，如何衡量每一次具体谈判是否成功呢？

就是去看单次谈判的目标是不是符合公司的长远战略目标，如果符合，就是好目标；如果不符合，就是不合格的目标。

同样的道理，完全可以适用在个人的生活谈判中。我们每个人对于自己的生活都会有一个设想，一些有追求的人更会给自己设定一个人生目标，在明确了自己人生的长远目标以后，你就要调整未来所有行为的衡量指标，这些行为就包括谈判。

著名的中医大师徐文兵在讲解《黄帝内经》时，就“人可以活到多少岁？”这个问题，曾以《黄帝内经》中“形与神俱，而尽终其天年，度百岁乃去”这句话的解读作为回应。

这句话的意思是，如果形与神这两个主体都存在，则人就可以活到自然寿命的终点，超过一百岁而去世。如果我把“度百岁乃去”作为自己的人生理想和远期目标来设定，会对之后的生活行为，特别是谈判行为有什么影响呢？

首先，我会明确设定远期目标为“活到一百岁”，然后推导出直接保证我活到一百岁的充分必要条件——形神兼备，这样，我就明确了我更有操作性的远期目标，即修形养神。

然后，具体到每次的生活谈判中，我会用“修形养神”的远期目标来协调我要实现的单次谈判目标。比如，在求职谈判中，相比薪酬，我会把“不加班”作为主要诉求来和老板谈判，因为加班可能会推迟我晚上睡眠的时间和降低睡眠的质量，进而影响“养神”，等等。

总之，谈判的目标首先要匹配长远目标，然后是满足当下的现实目标。

原则二：议题多样——给目标打个“包”

很多人有这样的问题：谈判和讨价还价有什么区别?

更有很多人会把谈判和讨价还价完全等同，认为谈判就是讨价还价。

这样的理解对不对呢？有一定道理。

因为大多数人应用谈判技巧的场景就是在讨价还价时，或者说，涉及价格的讨论才会被认为可以使用谈判技巧，甚至有人以为，谈判就是砍价。这个理解并不正确，谈判不等于讨价还价。二者之间的一个显著区别是，讨价还价的议题只有一个——价格，而谈判的议题则有多个，价格只是其中之一。

很多人谈判吃亏就是因为他们在谈判中只确定了“价格”这一个谈判议题，达成协议后才发现，在其他议题方面自己吃亏了。比如，在求职谈判中，很多人只关注工资是多少，但有经验的求职者会和雇主讨论“薪酬包裹”（package）——由工资、培训、休假、绩效奖、年终奖等一系列福利组成。

在实战谈判中制定的谈判目标一定是由多项议题组成的目标包裹。这样不仅能最大化覆盖自己的所有权益，还能避免和谈判对手陷入一个固定议题的争执中。试想，如果在求职谈判中，只谈工资，其他都不谈，那么劳资双方的谈判就很容易因为各执己见而陷入僵局。一个议题就是一块蛋糕，双方都希望自己能分到更多蛋糕，很难会出现一方让步的情况，这样的谈判最终只能以破裂收场，谈判双方谁都没有分到蛋糕。

所以，设定多个谈判目标可以分散谈判“火力”，谈判双方可以就不同的议题进行你来我往的交换和妥协，最终达成一个能让双方都认可的协议，这样的协议才有被执行的可能，才真正有效。

原则三：有主有次——目标设定的“二八定律”

上一节我们介绍的是制定谈判目标时要制定一个“包裹”，不要把谈判目标单一化，但当目标多样化后就面临一个问题，即哪个是主要目标，哪个是次要目标，这就是我们本节要介绍的内容。

1897年意大利经济学家帕累托经过对英国人财富比例的研究后发现，社会中80%的财富被20%的人占据，这个发现后来被称为“帕累托法则”，或者简称“二八定律”。

“二八定律”之所以被广泛应用在社会科学的各个方面，是因为经过大量的事实证明，社会科学的许多领域都表现出一个共性，即最重要的部分只占整体的20%，其余80%都是次要部分。这一定律和唯物主义辩证法所提出的事物的性质是由事物内部的主要矛盾决定的表述完全一致。所以，依据“二八定律”，我们在谈判中一定要明确重点，把谈判目标划分为重要目标和不重要目标，然后在实战谈判中抓住重点。

我们在前面的目标设定章节介绍过，在设定谈判目标时，要有最高目标，也要有最低目标，这样，我们就可以保持谈判的张弛度和灵活性。在单回合谈判中，对于最低目标的设定，有时会和最重要的目标重合，而在多回合谈判中，每次谈判的目标都会有所变化，最低目标和最重要目标的重合率会比较低。

那么，在谈判目标的大“包裹”中，如何确定哪个是最重要的目标，然后全力以赴地保证完成呢？

美国地产大亨加里·凯勒给出了他的方法，在他的畅销书《最重要的事只有一件》中，他认为，每天的工作中只有一件是真正重要的、不得不做的，判断这件工作的标准是这个工作是不是多米诺骨牌的第一张，做了这件工作以后，其他工作都被最大化解决，就像多米诺骨牌的连锁反应一样，如果达不到这个效果，那这件事一定不是最重要的。

找到这件事，然后全力以赴地做好，就是加里·凯勒的答案，也是我给读者们确定最重要的谈判目标的答案。至于在一揽子谈判目标中，哪个是第一张多米诺骨牌，只有你自己才知道，但这个标准一定要坚持，久而久之，谈判的效率就会被最大化提高，谈判不吃亏的概率也会最大化提高。

以电影演员的薪酬谈判为例，一般来说，演员的薪酬谈判会有五个大的谈判议题，分别是薪酬、服务内容、署名、批准权和咨询权。

对于不知名的演员来说，最重要的谈判目标可能不会是薪酬，而是实现和大牌经纪公司的合作，因为不知名的演员希望未来星途有所保障就要有大经纪公司保驾护航，如果得到了大经纪公司的长期片约，则其他的薪酬、服务内容等谈判议题的处理问题就会迎刃而解。

对于处在事业上升期的演员来说，最重要的谈判目标可能会是薪酬，因为薪酬代表你在电影圈子中的认可度和身价。如果薪酬的谈判目标达成，其他的诉求，诸如署名、其他明星和导演的咨询权、住宿要求等都会得到和薪酬匹配的满足。

实战谈判中不要设置单一谈判目标，也不要火力过于分散地和对手 PK 多个谈判目标，要对目标进行有主有次的设定，这样不仅会让自己的谈判层次清晰，更便于和谈判对手达成妥协和让步的统一。比如当谈判陷于胶着时，你可以通过把次要谈判目标放弃掉，来换取谈判对手满足你的主要谈判目标，这是谈判中最常用的互惠原则。

当然，谈判目标是最重要的谈判情报之一，决不能让谈判对手知道在你一揽子谈判目标中，哪个是你的主要目标，哪个是次要目标，因为一旦对手知道了你的底牌，他们就不会轻易接受你的让步，他们一定会狠咬一下才松口。

总　结

每次谈判时，要首先明确谈判目标；

设置谈判目标时要从面临的问题或困境入手，能解决问题的方案才可以被设置成目标；

双赢不是目标，解决我方的问题才是目标；

设置谈判目标可以采用"三线法"，即根据我方在谈判时的期望、意图和需求，把目标分别设置成上线、中线和下线，最终成交的心理预期在上线和中线之间，下线则是谈判中不可触碰的红线。

设定谈判目标的三条原则：

谈判目标要匹配远期战略 / 谈判目标要涉及多个议题 / 谈判目标要有主有次。

第2章

高效谈判的前提准备

天下没有免费的午餐

在商业社会中，成年人都明白一个道理——天下没有免费的午餐。无论你想达成什么目标，都一定会为这个目标有所付出，不管你付出的是金钱，是时间，还是其他什么，总之，你总要有所付出。

在谈判中，为了达成谈判目标而所要做的付出被称作谈判预算。

你很少能在其他谈判类书籍中看到“谈判预算”这个描述，但在《好好谈判》的谈判框架中，我们非常重视“谈判预算”这个板块。我们在前面介绍谈判目标的章节中强调过，在实战谈判中要养成**“凡有谈判，必设目标”**的谈判习惯，在我们把“谈判预算”章节介绍完毕后，我希望读者朋友能在今后的实战谈判中再养成一个习惯，即**“定好目标，就给预算”**。

为什么我们要重视谈判预算？

因为真正的谈判不是招式和战术的比拼，而是基本盘的比拼，谈判的基本盘只有两个，一是预算，二是优势。

所谓比拼预算，就是你要在谈判中达成的目标一定要匹配你能负担的成本，就像你不可能带三天的干粮，走五天的路，很多时候，谈判无法达成的原因只是我方的预算不够。所以，在谈判前整理我方的预算，在谈判中拉高对方的预算就成为实战谈判的“规定动作”。

比如，当你在职场中接手一个项目时，老板会给你提出项目完成的时间、完成的标准等等，而你也一定会跟老板询问，公司为完成这个项目会提供哪些资源，是给人，还是给钱。身在职场的人都懂得“想让马儿跑，就要给马儿吃草”的道理，老板提供的资源就是老板要让你完成项目所提供的“预算”。

放在职场情景下，很多人都知道如何处理上述情形，但具体到实战谈判中，大多数人却没有形成准备谈判预算的思维，这就是很多人无法在谈判中最大化收益的原因之一，也是很多谈判菜鸟最容易出现的错误之一。

我们把谈判预算分为四个类别，分别是货币预算、时间预算、心理预算和条件预算，下面我们来分别介绍。

一、货币预算

美国知名谈判教练吉姆·坎普曾说过，“凡事到最后都是钱”。货币预算就是指我们在接下来的谈判中准备付出多少货币。如果是买家，货币预算就是指能接受的最高要价；如果是卖家，货币预算就是指能接受的最低买价。

货币预算对于谈判的重要性不言而喻。俗语说，“有多大手端多大碗，有多大能耐干多大的事”。货币预算就是整个谈判的“帽子”，我们在实现谈判目标时的花费一定不能超过货币预算的上限。同时，也正是因为有货币预算的存在，才会让谈判者更专注在如何最大化地利用货币预算。

鉴于货币预算的重要性，我们要在谈判前尽可能地去摸清谈判对手的货币预算有多少，因为如果谈判双方的货币预算差距较大，那么预算较少的一方将很难获得更多谈判收益。

美国总统里根上台后着手实施“星球大战”计划，在他的推动下，美国掀起了冷战结束前最后一轮和苏联的大规模军备竞赛，可这轮军备竞赛完全是里根在用自己充裕的货币预算来耗光苏联货币预算的招数。因为在启动“星球大战”计划以前，里根让美国相关部门严格测算过苏联的现有国力和军费开销，最后得出的结论是苏联经济实力已经远不如斯大林和赫鲁晓夫时代强大，现在的苏联经济经不起新一轮的军备竞赛。于是，里根“扣动扳机”，开启了最终拖垮苏联的“星球大战”计划。最后的结果是苏联由于“货币预算不足”退出了军备竞赛，而这也成为压垮苏联的一个重要原因，退出军备竞赛没有几年的苏联最终解体。

在摸清谈判对手货币预算的另一面，是我们要把我方的货币预算看作机密信息，不能让谈判对手知道，这点是很多谈判新手容易忽略的，同时也是很多谈判老手擅长的地方。

比如我们都会有这样的经历，在买手机或者汽车时，销售员首先都会问同一个问题：“您打算花多少钱？”这就是在摸清我们的货币预算。当我们说出自己的货币预算是多少多少钱以后，这些销售员就会继续做同一件事，即拉高我们的预算，他们会推荐稍稍超出我们货币预算的产品。这个时候，我们就会显得比较被动，因为货币预算是我们谈判的“帽子”，同样也就是我们的谈判底线，对手在贴着我们的底线和我们谈判，我们将很难有更多收益，最终的结果一定是底线成交，用光所有货币预算。

在谈判前设置货币预算这顶“帽子”的另一个作用就是给自己设下一个“止损点”。止损点是股票术语，特指交易仓位允许承受的最大损失。在股市中，当股票价格下跌到止损点时，交易员必须卖掉股票以避免更大的损失，而在谈判中，当所花费用接近货币预算时，我们就要及时叫停谈判。

回到前面购买手机或汽车的案例当中，很多人在实际的购买过程中，最后的成交价格都超出了之前设置好的货币预算金额，比如本来打算花2000元买手机，最后花了2300元，这些人就没有很好地执行货币预算这个止损点。在买手机这件事上，超出货币预算没有关系，但在一些重要谈判情境下，超过货币预算的结果就会影响很多其他关联事件的执行。同时，遇到止损点就退出谈判是一个非常良好的谈判习惯。我在本书中一直提倡保持主动性的谈判原则，而设置止损点，并严格执行就是一个让我们的谈判保持主动性的行为。

前面说过，“凡事到最后都是钱”，是因为我们在谈判中的绝大多数成本都可以折算成货币，所以，成熟的谈判者不只会设置一个最终的止损点，同时还会设置一些阶段的止损点，以提醒自己不要在谈判过程中的某些阶段过度投入。

儒家经典《大学》有云："知止而后有定，定而后能静，静而后能安，安而后能虑，虑而后能得。"虽然货币预算是谈判预算中最容易理解和最不容易被忽略的预算，但我更建议大家把货币预算当作自己谈判的"止损点"，养成不让谈判超出预算的良好习惯。

二、时间预算

时间预算，就是指谈判者准备投入到谈判中的时间。虽然所有人都知道完成谈判需要时间，但我却很少遇到对谈判所需时间有明确预算额度的人，大多数人对准备投入到谈判的时间是没有预算概念的，换句话说，他们在谈判中可以随时被拉高时间预算。

时间预算的重要性在于，每个人的时间都是宝贵的，你做这件事时就无法做另一件事，这在经济学中被称为"机会成本"。心理学理论告诉我们，当对方在你身上付出越多时，对方就越倾向于和你成交，一方面是因为他的预算被拉高，他在心理上倾向于维持决策的正确性，另一方面，还因为对方的"机会成本"，即对方在某个议题上的谈判时间是固定的，对方给了你，就无法再给别人，但对于具体议题的解决方案限期已到，所以，对方也只能和你成交。

因此，对于每一场要实现特定目标的谈判，一定要注意控制我方的时间预算。我的意思并不是说一定要规定出某个谈判预计投入的时间是三天还是三个小时，而是说，要有“时间预算”的概念存在头脑中，不要随意地去浪费时间，要慎重对待每次和谈判对手的交流，慎重对待每次的谈判效果。

比如，当我们发现谈判对手的决策人并没有参加会谈，我们就尽量选择离开，而不是选择和对方谈下去，因为对方决策人不参与谈判，谈判就很难进入到实质阶段，所以决策人不参加可能正是对方拖延时间的一个方法。

比如，当在交流时谈判对手不够聚焦，顾左右而言他，我们就要迅速把谈判拉回到正轨，如果对手还是“跑题”，我们就没有必要继续和对方谈下去。

总之，我们要尽量让我们投入到谈判中的每一次时间都有效果，而不能让对方白白地浪费我们的时间，因为当我们允许对方浪费我们的时间，我们就会不断被对手拉高时间预算，进而被迫和对手成交。

谈判老手经常会通过以下手段来拉高谈判对手的时间预算：

让对方在会议室多等一个小时；

频繁给对方发送电子邮件或者传真，并要求回复；

要求谈判对手经过几个小时的长途旅行过来谈判；

在会面前临时取消会议；

为和谈判无关的事项争论不休。

不过，如果我们有比较充裕的时间预算，那么我们就可以在谈判对手身上尝试上面那些行为，来拉高谈判对手的时间预算。比如我从和客户第一次会面开始，就会习惯性地通过各种行为来不断拉高客户的时间预算，不管最后是否成交，我都会让客户在我身上投入比竞争对手更多的时间和精力，这些被拉高的时间预算在最终的合同谈判时都会被“兑现”成客户的让步。

三、心理预算

什么是心理预算？心理预算就是对达成目标的心理渴望值。用一句通俗的话来解释心理预算就是，“你对这场谈判有多重视”。

有这样一则故事，一个少年询问大师如何才能成功，大师并不说话，只是把他带到海边，然后让少年不断地向大海深处走去。直到海水快要把少年淹没时，大师突然把少年的头按入水中，就在少年快要窒息的时候，大师松手了，少年仰起头大口大口地喘气，大师说道：“你在水下的时候，渴望呼吸吗？当你对成功的渴望像刚才对呼吸的渴望一样的时候，你就会成功！”大师要告诉少年的是，如果要达到成功的目标，就一定要有和成功相匹配的心理预算。

心理预算不同于货币预算和时间预算，那些都可以通过外在手段衡量出具体的数字，而心理预算无法衡量出具体的数字，只有当事人清楚自己对于目标的渴望程度，但心理预算的重要作用却在于，你越重视这场谈判，你在谈判中达成目标的概率越高。

正如一个运动员如果认为一场比赛对自己至关重要，那么他就会非常认真、细致地准备这场比赛，他会在赛前戒除一切娱乐活动，专心备战，同时，他会让他的支持团队给予他最大化的支持调整赛前的身体状态，搜集对手的信息，制定比赛策略。在这种情况下，这个运动员赢得比赛的概率要大大高于给予比赛心理预算低的对手。

微软中国前总裁唐骏，大学毕业时希望能出国留学，由于成绩的原因，他没能从母校北京邮电大学获得出国名额。一般人面对这种情况，只能怪自己成绩不够好，但唐骏没有放弃，他四处打听是否还有转机。功夫不负有心人，他了解到，由于留学成绩门槛较高，如果不能达线就不能留学，所以，不是北京所有高校都会用完本校的留学名额。

于是，唐骏便开始给北京所有高校拨打电话，询问对方是否还空余留学名额，当他问到北京广播学院时，对方告诉他还有空余名额。唐骏便赶快拿着资料跑过去，北京广播学院的老师拿到资料后告诉他说，虽然留学名额还有，但由于申报留学名单的日期已经截止，所以只有教育部国际司能决定他是否可以出国。一般人遇到这种情况基本就放弃了，因为一个普通家境的大学生，既不认识教育部的人，也没有亲戚朋友可以帮助疏通，唐骏也曾有过犹豫，要不要继续坚持。不过，对出国留学的强烈渴望，让他告诉自己不能放弃。他从老师那里得知，教育部国际司的一位李司长负责此事，于是唐骏决定采用他能想到的唯一办法去为自己争取这最后的机会。第二天早上不到7点，唐骏就来到教育部门口等着李司长上班，看到李司长他就问候早上好，中午看到李司长就问候他中午好，下午下班时也和李司长打招呼。连续三天，每天如此。等到第四天，李司长再看到唐骏时，他被这个年轻人的韧劲打动了，便主动地询问唐骏在这里等着是不是有什么事。唐骏便把自己的情况给李司长说了。最终，唐骏赶上了这一年的出国申请，成功留学日本名古屋大学。

唐骏能争取到最后的留学机会，是因为他对出国这件事给予极高的心理预算，这样他才会调动一切资源去帮助自己实现这个目标。在我们的日常生活谈判中，我们也常会看到，心理预算高的、意志坚定的一方的谈判最终达成时，拿回的东西一般都多于心理预算低的、意志脆弱的一方。所以，如果我们想要在谈判中收获更多，就要学着让自己有更多的心理预算。

四、条件预算

谈判预算除了货币预算、时间预算和心理预算以外，还有最后一个——条件预算。条件预算是指为了达成谈判目标，提供的某种具体条件，也可以理解成谈判双方可以调动的某种资源。

条件预算的存在是使谈判变得有趣的原因之一，同时也是很多谈判能够达成的原因所在。因为条件预算是谈判中最大的变量，很多条件预算在谈判开始前，谈判双方自己都不自知，只有随着谈判的不断深入，谈判双方对于彼此了解的加深，才会逐渐地显露出来，而能够成为条件预算的前提是这个条件可以为谈判对手创造价值，从而推动谈判对手乐于帮助我们达成谈判目标，如果不是能够为谈判对手创造价值的条件，则无法成为谈判的条件预算。通俗的表达就是，你的资源必须能帮助到谈判对手解决他的问题，这样的资源才叫作谈判的条件预算。

我的一个学员Robin，他曾是一家知名律师事务所的律师，后来他从那家律师事务所辞职出来创业开了一家规模很小的律师事务所，这个律师事务所只有他和他的秘书Apple两个人。这个小秘书Apple在他那里工作一年后和他提出了加薪的要求，Apple说她在其他律师事务所工作的同学薪水比她高30%，她要求Robin给她加薪，否则她就辞职。Apple还说，像Robin这种规模的律所如果要招到和她工作能力一样的人很难，而且招的新人还要去熟悉工作内容，等等，这些都需要时间。

Robin因为自己创业刚起步，律所的盈利情况并不理想，同时他也认同Apple说的话，他如果再去招新人来代替现在的秘书，成本确实比较高。无奈之下，他找到了我，让我给他出出主意。

我对他说，你这个小秘书很厉害啊，作为一个没有学过谈判的人，还这么年轻，却把加薪谈判的关键点都谈到了，真是有悟性，这样的人才你可要留住。不过说回来，我和Robin建议还是要从谈判预算入手，既然你没有足够的货币预算，你就要从条件预算入手，看看除了加薪，你能不能有其他可以提供给Apple的工作条件。Robin回去和Apple好好谈了一次后才了解到，原来Apple要买房，买房后就会面临还房贷的经济压力，所以，Apple才要求加薪，不过，Apple很喜欢现在的工作状态，Robin这个老板人也不错，工作的决策权比在大律师事务所里面多很多，所以成长很快。

双方谈得比较愉快，最后，Robin 把他的条件预算都拿了出来，他给 Apple 稍微调高了一些工资，虽然不多，但也表明了态度。此外，他用自己的积蓄给予 Apple 无息借款，这样 Apple 就先不用从银行贷款，背负很大的利息负担。另外，他允许小秘书周末过来使用办公室做一些兼职工作。

从上面的案例中可以看出来，Robin 本身有一些资源可以帮助到 Apple，但 Robin 和 Apple 并不知道，只有当双方就 Apple 加薪进行深入交流时，才发现彼此都可以提供给对方一些自己能够满足的“条件”。在一些案例中，谈判双方可以提供给对方的条件在自己看来几乎都是“没有成本”的，但却是对方非常需要的，正如一句俗语所说，“汝之砒霜，吾之蜜糖”。

条件预算在谈判中的重要作用就是，能够让谈判双方的视角从如何分配现有收益转变为如何创造新增收益。比如我们日常生活中最常见的房产买卖谈判，如果不加入条件预算这一变量，那么买卖双方的谈判重点就是房屋的价格。买方吃亏，就意味着卖方占便宜，反之亦然。但如果加入条件预算后，买卖双方的谈判就有了更多的收益。比如卖方可以把九成新的家用电器和家具都留给买方，这就让买方省去一部分装修支出。比如买方可以全款支付，这就让卖方省去了资金周转的成本，诸如此类的条件预算在各种谈判中都或多或少地存在。

因此，在一场谈判中，除去存量收益，一定还有一些增量收益，是否能把这些增量收益纳入谈判，将会直接决定谈判的走向是对抗还是合作。因此，有效地准备条件预算，并在谈判中引入条件预算，将使得谈判双方能够拥有更多的解决方案和更多的收益，这样的谈判更容易达成。

比如买家如果采用全款的方式，那么卖家就可以把房价打九折，因为卖家不用等待银行放款就能拿到钱来付新房的首付；

比如买家同意半年后交房，那么卖家就可以把房价打九五折，因为卖家就不用着急找房来居住，而能先拿到钱去看病救急。

诸如此类的谈判方案，都是需要谈判双方把各自的条件预算充分沟通后，共同“把蛋糕做大”的。如果谈判双方都执着于自己的诉求，不准备任何条件预算，那么就会丧失一次非常好的整合资源的机会。

在对方的世界谈判

相信通过前面的介绍，大家都会明白在谈判前准备好尽可能多的谈判预算是我们能完成谈判目标的一个重要前提，但这里有一个非常重要的谈判预算制定原则需要大家注意，这个原则就是——**在对方的世界谈判**。

可以说，这个原则不仅是制定谈判预算的原则，更是贯穿整个谈判过程的行为原则。在对方的世界谈判就意味着我们在制定谈判预算的时候要根据对方的情况来调整我们的预算准备情况，而不是凭空猜测谈判对手要什么。

有这样一个笑话。两个乞丐蹲在墙脚聊天，乞丐甲说："等我有钱了，我要换个金碗要饭，那样看着多阔气！"乞丐乙说："你真笨，有钱了你还自己去要饭啊，等我有钱了，我要雇一个人去要饭！"

如果有人去和上面两个乞丐谈判，他们一定以为乞丐最需要的是钱，是改变他们的生活，但上面的笑话告诉他们——乞丐的世界你不懂，乞丐心心念念的还是他每天的要饭生活，他只是想让要饭不像以前那么累。

虽然是个笑话，但我们每个人身上都有乞丐的影子，我们都活在自己的思维局限里面。所以，我要再次告诉大家，我们坐到谈判桌前时一定要问问自己有没有从对方的视角去准备谈判预算，还是一厢情愿地猜测对方的需求。

货币预算：当我们发现对方的谈判风格倾向于高价成交时，我们就要调高我们的货币预算，当我们发现对方并不热衷于财富时，我们就要调低我们的货币预算，诸如此类。

时间预算：当我们发现对方的时间预算不算充裕时，我们就要通过拉高时间预算的方式来给予对方压力，此时我们自身就要储备充足的时间预算，否则我们没法“耗”过对方。

心理预算：当我们发现对方对此次谈判的心理预算非常高时，我们就要评估如何分配我方的心理预算，如果我们也对此次谈判非赢不可，那么这就是一场恶仗，我们要匹配上对方的心理强度，这就像比赛一样，而如果我们认为此次谈判的战略性并不重要的时候，我们就可以把心理预算调低。

条件预算：我们在准备我方的可交换条件时一定要进入对方的世界看看，这个条件是否对谈判对手有价值，价值有多大，这是一个关系重大的判断。对谈判对手没有价值的条件预算就不是好预算，就像前面笑话中的乞丐那样，你认为给他一份工作机会是非常诱人的条件，但乞丐还真不一定会接受，他想要的可能只是一个金碗而已。

所以，现实中很多谈判有分歧的部分原因就在于谈判双方对待某个条件的价值认知出现偏差，但如果我们更希望实现谈判目标的话，就要进入对方的世界去看看这个条件到底是什么价值，而不是固执地坚持我们认为的价值。

总　　结

谈判预算是为了实现谈判目标必须负担的成本；

谈判预算包括货币预算、时间预算、心理预算和条件预算；

在谈判中尽量降低我方预算的支出，同时，要尽量拉高对方的预算；

准备尽量多的条件预算，因为这是“把蛋糕做大”的机会；

制定谈判预算的原则是——在对方的世界进行谈判。

第3章

明辨自身优势，掌控谈判局势

你真的了解谈判吗

谈判能发生一定要具备三个条件：彼此需要、无法忍受以及愿意对话。在这三个条件当中，彼此需要的强度大小又会决定谈判的走向，即在谈判中更需要对方的人一定要付出更多的代价才会使谈判达成，这就是谈判的本质。

一、谈判不是你想谈就能谈

在前面，我们曾讲到"谈判"是一项每个人每天几乎都会使用到的技能，使用这项技能如此频繁的原因就在于当代社会中，人与人之间的互动频率要远远超过以往，而在人与人的互动交流过程中，有时候会出现一些冲突或某种僵局，而冲突和僵局最好的解决方式就是谈判。

当然，还有另外两种手段，其一是暴力，其二是法律。那么为什么很多人选择法律和暴力，而不是通过谈判的方式来解决问题呢？这是因为谈判的进行需要满足三个条件，而当这三个条件不能同时被满足的时候，事件双方之一就不会选择谈判。这也是谈判专家并不是万能的原因之一。

条件一：彼此需要

我们在前面提到过谈判的定义，即谈判是当我们无法独自完成目标，而必须通过和对方沟通进行决策的过程。[①] 这个定义直接点出了谈判存在的前提是"彼此需要"。换句话说，如果谈判双方只有一方能解决对方的问题，而另一方不能的话，谈判就不会成立。

我很喜欢把谈判桌比作牌桌，把谈判过程比作打牌过程。打牌的第一步不是抓牌，是先坐到牌桌上，如果你都无法坐上桌，还怎么打牌？所以，在开启谈判前除了确定自己的谈判目标以外，还要想想，你有没有对方需要的东西，如果没有，对方不会让你上桌。

我们有时会看到一方对另一方有所求时，经常只是通过请求，甚至哀求的方式来让对方行动，这样的情形虽会惹人怜悯，但并不经常奏效。真正行之有效的方式是通过满足对方需求来让对方帮助你解决问题，这样的互惠互利式谈判才是解决问题的长久之道。当然，这种互惠互利不一定要当场兑现，实际生活中，大多数的互惠互利都是延迟兑现，这里要强调的是，你不可能让别人永远帮你，但永远可以让别人和你交换。

条件二：无法忍受

谈判得以成立的第二个条件是"无法忍受"。

当谈判双方都有彼此需要的东西时，谈判并不一定能发生，因为

① （美）利·汤普森．汤普森谈判学，中国人民大学出版社，2009

很多时候，谈判中的一方或者双方对于解决问题都没有迫切感，这样的话，谈判就会被推迟，而有一些问题会随着时间的推迟出现一些新的解决办法，这样一来，当谈判一方的问题被解决后，谈判的第一个条件就不成立了。

所以，谈判能在当下发生一定是因为谈判双方对于他们面对的问题或困境、僵局都无法再继续忍受下去，问题发展到了不得不解决的地步，这样谈判才会发生，交易才能达成。

了解了这条谈判触发条件以后，我们就要明白，在谈判中发现对方有需求，但迟迟没动作时，那一定是对方的问题还不够紧急，如果要让对方和你“诚心”谈判，你就要设法引爆僵局，扩大伤口，让对方的问题变得无法忍受，这样对方才会有和你达成一致的倾向。

战国时代，扁鹊以其高超的医术闻名于世。《史记》中记载了魏文王和扁鹊的一段对话，魏文王曾召见扁鹊询问：“我听说你们家有兄弟三人，都以行医为生，你们三人中谁的医术最高明呢？”

扁鹊说：“我大哥医术最高。”

魏文王说：“那为什么你最出名呢？”

扁鹊说：“我大哥擅长治未病，我二哥擅长治小病，我擅长治重病。世人不认为治疗未病和小病有多高明，因此便不会传播他们两人的美名。世人只认为能治的病越重，就代表医生的医术越高明，所以我的名字才被大家传开。

“只有我们家里人知道，能诊断出未病最为高明，能诊断出小病次之，而我看不出未病和小病，只能等病情严重了才知道如何治疗。”

根据这段对话，我们可以知道，扁鹊的医术可能没有他的两位兄长高明，但从谈判的角度来说，却可以把扁鹊定义为“谈判高手”，因为扁鹊只在病人“无法忍受”时才出手，这时不管扁鹊提什么条件，病人为了解决当下无法忍受的困境，都只能答应。

条件三：愿意对话

谈判能够成立的第三个条件就是“愿意对话”，即谈判双方都愿意坐下来通过对话的形式来解决眼前的僵局，而不是通过暴力和法律的手段。

相反，如果问题双方具备“彼此需要”和“无法忍受”这两个条件，但并不“愿意对话”时，那结果只能是要么兵戎相见，要么对簿公堂。

那为什么有人不愿意对话呢？因为双方不信任彼此。

科学家们曾研究过人和动物的区别是什么，有的观点说是人可以直立行走，有的观点说是人会使用工具，有的观点说人类有语言和文字。

牛津大学历史学博士尤瓦尔·赫拉利在他的著作《人类简史》[①]中提出一个新的观点，他认为人和动物最大的不同是人类传达并信仰虚构信息。

赫拉利博士认为，动物的生活完全围绕可见的猎物和异性展开，

① 尤瓦尔·赫拉利.《人类简史：从动物到上帝》，中信出版社，2017

而人类不仅仅满足于吃饱肚子和繁衍后代，还虚构出部落、国家、人权、平等、自由、法律等信息，然后再死心塌地地去信奉这些虚构信息，并靠这些虚构信息构建了所谓的“等级”、所谓的“文明”，以及整个人类社会。

人类靠虚构信息存活，虚构信息构成了人的价值观和信仰，当人和人之间的价值观和信仰不兼容时，人和人是无法彼此信任的。这就是为什么对于领土争端，巴勒斯坦和以色列不可能坐下来谈判，只能诉诸武力，这就是为什么对于世界发展的分歧，持不同立场的阵营只能互相伤害。

所以，如果你想和谈判对手达成一致，就一定要把谈话调到与对方相匹配的频道上，让对方认为你和他是一路人，价值观兼容，这样，对方就愿意和你对话，达成方案一致的可能性也就更高。

二、彼此需求强度决定谈判的优劣势

通过前面的介绍，大家可以明白，谈判发生的最重要前提就是谈判双方对彼此都有需求，所以谈判双方能坐下来通过谈判的方式来交换对方需要的条件，进而满足自身的需要。

但对于每一场具体的谈判来说，究竟是哪一方能获得更多的收益，就要取决于哪一方更少地依赖对手。换句话说，谈判破裂后，谁的损失更小，谁就占据优势，谁就能从谈判中获得更多，这一点相信大家都已经明白。但谈判的有趣之处就在于，随着谈判的进行，谈判双方的彼此需求强度会发生变化，并不是开始占优势就会一直占优势，所以，当我们处于优势时，一定要尽快完成谈判，当我们处于弱势时，一定要设法改变我方和对方之间的需求强度，让对方更依赖我们。

电影《赎金风暴》就非常好地呈现了需求强度的变化直接导致了谈判优劣势的变化。

美国一家航空公司的总裁汤姆在带儿子肖恩外出时，肖恩被歹徒绑架，歹徒给汤姆打来电话索要赎金200万美元，并威胁汤姆如果报警，就会对肖恩下毒手。救子心切的汤姆完全相信了歹徒的话，带着200万美元去和歹徒交易，但过来和汤姆交易的歹徒并没有按照约定告诉汤姆肖恩的下落。在汤姆和歹徒纠缠时，警察赶到，一名歹徒被警察制伏，另一名负责观察交易过程的歹徒逃跑。

这次人质交易失败后，歹徒又打来电话要求更换地点，继续交易。但经历过一次交易的汤姆思考后发觉，歹徒并不打算放了肖恩，哪怕他们拿到了钱。所以，再继续按照歹徒的要求去做只能永远地失去儿子，于是，汤姆做出了一个令所有人吃惊的举动。他面对整日围在家门口的媒体宣布，他不打算用200万和歹徒完成交易，而是要用这200万作为悬赏金来救回自己的儿子。汤姆面对镜头承诺，无论是谁，哪怕是绑匪自己，只要他把儿子完好无损地送回家，他就能得到这200万。

此时，四名实施绑架的歹徒正在收看电视，当他们听到汤姆的这个悬赏通告时，彼此的眼神都有了变化。最终，歹徒因为这200万的赏金发生了内讧，他们彼此残杀，匪首吉米打死了其他人，独自到汤姆那里去领赏金，但就在他领赏金时，他的声音被获救后的肖恩听出，于是汤姆报警抓住了匪首吉米。

这部电影里面航空公司老板汤姆和匪首吉米关于人质赎金的谈判被很多人当作经典案例来回味，其经典之处就在于汤姆通过一个举动就改变了他和吉米之间的彼此需求强度，从而让儿子肖恩的获救得来转机。我们下面来具体分析一下。

第一次交易：吉米需要汤姆的钱，汤姆需要吉米手中的肖恩，谈判如果破裂，吉米拿不到钱，汤姆失去儿子，相比较下，汤姆承受不起丧子之痛，所以汤姆更需要吉米，也因此，汤姆对吉米言听计从，带着200万美元去进行交易。

第二次交易：吉米需要汤姆的钱，汤姆需要吉米手中的肖恩，如果谈判破裂，吉米拿不到钱，但汤姆有可能换回儿子，因为除了吉米，参与绑架的还有三个人，这三个人可以甩开吉米来和汤姆交易，这样一来，汤姆就能得到儿子，但吉米就既拿不到钱，又失去了威胁汤姆的筹码。所以，谈判的彼此需求强度发生了变化，吉米更需要汤姆，而汤姆并不需要吉米，所以，汤姆在发布悬赏通告以后就不再听信吉米的任何威胁，他反而告诉吉米，要尽快地把儿子肖恩送回来。

汤姆只用了这一个办法就引起了绑架团伙的内讧，从而改变了自己被动的谈判地位，同时也保住了儿子肖恩的命，因为第一次交易中，吉米本打算拿到钱后就杀害肖恩。

谈判优势的三大来源

一、利益优势

利益优势是指我方在和对手的谈判中，掌握了影响对方利益的方式，如果对手和我方合作，我方会使对手的利益得到满足，如果对手不和我方合作，我方会使对手的利益遭受损失。这样一来，我方就具备了在谈判中的利益优势，我方可以利用这一优势来让谈判对手妥协让步，并最终和我方达成一致。

1. 要么帮他，要么伤他

公元前522年，楚国军事家伍子胥的父亲伍奢，因为卷入楚国宫廷内斗，全家都被杀害，只有伍子胥逃出了虎口。伍子胥不敢在楚国继续逗留，连夜逃往吴国（吴楚交界），结果在吴楚交界的关卡被守关斥候抓住。

斥候对伍子胥说："你是重犯，大王说抓住你的人必有重赏。"

伍子胥说："你只知道大王下令抓我，可你知道大王为什么要抓我吗？我来告诉你，因为我有一颗价值连城的宝珠，大王听说后要我献珠给他。可我把宝珠弄丢了，所以献不出宝珠，我怕大王不相信我的话，便连夜逃跑了。现在如果你把我交给大王，我就告诉大王，是你把我的宝珠从我身上抢走的，然后吞到了肚子里。这样，大王就一定会割开你的肚子去找宝珠。到时候，我是死罪，但你比我更惨。所以，你现在赶快把我放了，你才能保全你自己。”

斥候听了伍子胥的话，再想到楚王平常残暴的样子，心里十分恐惧，便放走了伍子胥。

在这个案例中，伍子胥通过谈判让斥候同意了他的诉求，因为伍子胥能“伤他”。

我是东北人，从小特别爱听广播里长篇连播的《林海雪原》，这部真实记录1946年东北剿匪战斗的小说中，最精彩的片段就是“杨子荣智取威虎山”。

杨子荣作为东北民主联军剿匪小分队的一员深入牡丹江的密林深处剿匪，在剿灭代号为“许大马棒”的匪首时，得知了“先遣图”的存在，这份“先遣图”上标明了当时为了对抗我党而盘踞在东北各处的土匪和特务，凭此图可以调动这支“地下军队”。

杨子荣随后在追踪座山雕的副官“一撮毛”时缴获了“先遣图”，当得知座山雕一直挖空心思要得到此图，而“一撮毛”正是在被座山雕派去抢图时，杨子荣便决定假扮匪首“许大马棒”的副官胡彪打入威虎山。他敢这么做，凭的就是手里这张让座山雕日思夜想的

“先遣图”。

杨子荣上山后自称胡彪，开门见山地向座山雕表示要“入伙”，而且他知道规矩，绝不会空手过来，说着他就亮出了“先遣图”。座山雕拿到“先遣图”后喜出望外，拍着杨子荣的肩膀说：“你知道，我想这东西不是一天两天了。”随后，他一拍大腿说道，“老胡，我封你为这威虎山上的老九，以后咱的地盘一大，还可以独立山头。”

至此，杨子荣成功打入威虎山。日后靠着他提供的情报，剿匪小分队成功剿灭了盘踞在此多年的土匪，杨子荣也成了战斗英雄。

在这个案例中，在杨子荣和座山雕的入伙谈判中，杨子荣用一张“先遣图”让座山雕同意了他的诉求，因为杨子荣能“帮他”。

所谓利益优势，指的是在谈判当中，其中一方对另一方来说，手中握有可以给对方利益带来帮助的筹码，或者是可以给对方利益带来损失的筹码。用最简单的语言来概括利益优势的话，就是八个字——要么帮他，要么伤他。

如果谈判双方都握有可以帮助对方或伤害对方的筹码，那么，哪一方的利益优势更大，哪一方就在谈判中力量更强，更有话语权，能获得更多的收益。

从上面两个具体的案例当中，我们可以看到，当你在谈判中占据利益优势时，你的谈判进程会十分顺利，也会十分迅速，这就是利益优势的力量。特别是在商务谈判场合，因为一切的商务行为都是为了追求利润，当你可以给对方带来利润，或者可以让对方避免损失利润时，你就能够在谈判中无往而不胜。

在所有的欧美谈判书籍当中，对利益优势的描述都处在核心位置，因为西方长达数百年的商业社会已经使普通人都“进化”出了强大的谈判能力，而人们谈判谈得越多，就越发现，原来谈判的本质很简单，只要能抓住对方的“利益要害”，对方就会听从你的指令。

可以说，谈判优势是谈判五大要素中最重要的一项，而“利益优势”又是三种谈判优势中最重要的一项，所以，利益优势是谈判的重中之重。可以这样说，在实战谈判中，你可以什么都不会，也可以什么都不懂，但只要你拥有一项或者能帮到对方，或者能伤到对方的利益优势，你这场谈判的结果一定不会太差，因为，你拥有了赢得谈判的本质力量。

2. 甜点逐次渗透

请思考：下面哪种情况让你更开心?

情况一：买彩票中了1000元；

情况二：买彩票中了500元，第二天买彩票又中了500元。

大多数人都会选择情况二，虽然两种情况下中彩票的金额相同，但第二种情况带给人的快乐要多于第一种情况，人都喜欢惊喜，而且惊喜越多越开心。

所以，对于可以给予谈判对手的收益，一定要分次给予，这样做有两个好处。

第一，可以让谈判对手获得更多的愉悦感。

更多的愉悦感有助于促进谈判双方的良好关系，良好关系的形成将会对谈判目标的达成有很大帮助，而一旦谈判方案进入履约阶段，几乎全部依赖谈判双方的良好关系作为履约的基础，所以，在谈判阶段，可以营造谈判双方良好关系的行为都应该去执行。我们在前面谈判的关系目标章节中曾介绍过长期合作目标的达成需要的是筹码交换的延迟，当你可以提供给对方多次收益而只索取一次或两次回报时，对方会因为你的“慷慨”而乐于和你保持长期合作的关系。

第二，可以让己方获得更多收益回报。

谈判的过程就是妥协和交换的过程，当我们给予谈判对手好处的时候，我们需要向谈判对手索要回报，因此，我们每多一次给予对方好处，我们就多一次向对方索要回报的机会。所以，拆分我们可以给予谈判对手的好处，我们就有更大的概率增加我方收益。

我们来看一个劳资谈判的案例。

我有一个“忘年交”的老哥哥，姓黄，黄老是国内炼铁领域的工艺专家。他退休后因为专业水平很高，不断被各大民营炼铁厂邀请过去解决这些工厂高炉出现的问题。有一次，黄老被一个河北老板邀请过去解决新投产的高炉开炉的问题。

在炼铁工艺中，新建高炉的第一次开炉至关重要，能否顺利开炉将直接影响高炉的使用寿命、产铁的质量和生产能力，可以说开炉能否成功直接关系到这个炼铁厂未来能否盈利。此老板之前询价过国内民营实力最强的沙钢，也咨询过知名国企武钢，他们给出的开炉费用高达上百万元。此老板后来通过关系找到了黄老，他向黄老开价年薪120万元，希望黄老能到他厂里担任总工，这样一来，黄老成了公司的员工，不仅能责无旁贷地帮老板把开炉的工作完成，还能帮他保证日后炉子的正常使用。由于之前我曾经在和黄老交流的过程中分享过我的谈判模型，黄老认为他自己搞技术在行，搞谈判怕吃亏，所以他想听听我的建议。

我听了黄老的介绍后，和黄老说，现在对方老板有两个问题要解决，首先是顺利开炉，其次是开炉后的日常稳定运行。我建议黄老分两次来谈这个事，首先和对方老板只谈开炉的事情，并表示，黄老的工作就是在各个炼铁厂之间解决疑难杂症，他不太倾向于只在一家公司任职，所以，可以先帮对方老板把开炉的问题解决掉，并开价30万元。然后，在顺利开炉后，再和对方老板洽谈担任总工的事宜，这样操作，不仅能把自己价值最大化，即收益最大化，同时还能通过开炉的过程向老板及公司其他人展示自己的能力，并且又能彻底掌握炉子本身的情况，便于降低后期进入公司的管理难度，这样的操作进可攻退可守。

黄老之后完全按我给出的路线图和河北老板洽谈，虽然河北老板还是想一次性聘请黄老任职，但黄老坚持把开炉和任职变成两件事来谈，加之黄老开出的30万元开炉费用远低于沙钢和武钢给出的报价，河北老板最终同意了黄老的诉求。

从这个案例中，我们可以看到，黄老可以提供“开炉”和“任职”

两个甜点给对方老板，而对方老板也很精明，他通过了解，知道黄老曾经在国企中多次负责过开炉的工作，所以老板希望和黄老洽谈的是总工的任职工作，然后把开炉作为任职工作的一项内容给“糅”进去，而黄老则通过把开炉和任职这两个甜点拆分的方式，不仅让自己多了30万元的收益，还给自己留出一个空间既能观察对方公司内部情况，同时又能使自己树立专家形象。这次的洽谈让黄老的收益得到最大化的实现，这就是“甜点逐次渗透”的一次实践化操作。

3. 痛点一次扎透

请思考：下面哪种情况让你更难过？

情况一：你在从地铁出来后，发现丢了2000元；

情况二：你在从地铁出来后，发现丢了1000元，走回家后发现，又丢了1000元。

相比前面中彩票的问答，我们发现在丢钱的问答中，大多数人都会选择情况二更难过，虽然两种情况中丢失的钱数一样，但人们偏好一次损失，而不是多次损失。

所以，当你以后要告诉别人坏消息时，一定要一次性说完，如果你选择分几次带给别人坏消息，对方会非常反感你。我们在谈判中向对方展示利益优势时也基本保持这个原则，即“痛点一次扎透”，把最坏的结果告诉对方，这样做有两个原因：

第一，一次性向对方展示最大可能的损失，会让对方意识到我方处于优势，如果分次向对方展示损失，在第一次展示时有可能因为损失量太小而无法引起对方注意，从而让对方轻视我方的优势。所以，一次性地把潜在的、可能的所有损失都展示给对方时，要么对方被我方优势压倒，从而和我方成交，要么对方还是可以承受损失，我方策略失效，而当对方可以承受最大损失时，我方就可以知道“利益优势”这个谈判策略可以放弃，转而选择其他策略来使用。

第二，在前面谈判的关系目标章节中，我们曾介绍谈判的关系目标分为短期合作和长期合作两种，但这二者的共同点是谈判双方必须维系合作关系，因为如果谈判双方不合作，就无法坐下来谈判，这点我们在前面“谈判成立三条件”中曾介绍过，愿意对话是谈判双方能坐下来谈判的第三个条件。所以，如果不断地“扎疼”对方的痛点，会让对方产生被胁迫的感觉，这种感觉非常不利于双方的合作关系，因为对方一旦认为自己完全被胁迫，那么有可能导致双方闹翻，最终谈判破裂。

二、供求优势

我们在前面对于谈判做出过定义，即“当没有他人的配合就无法完成目标时，就必须和他人进行谈判”。可以看出，谈判的目的是让他人配合我们来完成我方的目标，这里的“他人”一定是具备帮助我们完成谈判目标的能力。

谈判的供求优势是指，可以配合我方实现目标的人越多，我方面对每一个具体的谈判对手，就拥有更多的优势，反之，可以配合我方实现目标的人越少，我方面对每一个具体的谈判对手时，谈判对手就拥有更多的优势。

换句话说，我方在当次的谈判中，备选的解决方案越多，我方相对谈判对手的谈判优势越大，备选方案越少，我方的优势越少，如果没有备选方案，只能选择和对方成交时，我方的谈判优势则为零，对方的谈判优势则为无穷大。

谈判中诸多备选方案中的最优项被称为“最佳备选方案”（The Best Alternative To a Negotiated Agreement,BATNA）。哈佛谈判学派的观点认为，谈判的优势来源就在于BATNA，BATNA越好，谈判的优势越大，反之，谈判的优势越小。

1. 多给自己留后路

供求优势，可以说是谈判中最有利的优势，也是大多数不会谈判的人也会使用的优势。比如几乎所有人都知道买东西需要“货比三家”，当你在货比三家时，你面对每一个商家时都拥有供求优势，而我们经常听说的经济学名词“买方市场”和“卖方市场”就是在表达谈判中优势一方的意思，即“买方市场”是指买方优势更大，“卖方市场”是指卖方优势更大。当“买方市场”出现时，一定是卖家远远多于买家，此时买家的议价能力非常强，因为你不卖给我，还有其他人卖给我，而“卖方市场”则相反，卖家的议价能力非常强，因为你不买我的，还有其他人买我的。还是那句话，备选方案越多，我方的谈判优势就越大。

所以，在谈判前，一定要完整地梳理我方的备选方案，并进行优先排序。比如，在和老板的加薪谈判中，我们要达到的目标是薪水上涨，我们希望通过和老板的谈判来达成这个目标，但如果老板不同意我们的加薪要求，我们的备选方案可以有：

更换一份薪水更高的工作

更换到其他薪水更高的部门

以后不再接受加班

继续按照现有薪酬工作

辞职

当我们列出上述备选方案后，我们在加薪谈判前心中就知道我方目前是否有谈判优势。然后，我们要做的一定是要加强我方的优势，我们要到人才市场去和潜在新雇主进行接触，当我们拿到了新雇主的Offer时，我们在和现在老板的加薪谈判中的谈判优势就非常明显，我们可以通过明确向老板展示我们的Offer来证明我们优势的存在，而且，Offer中的薪水数字就是我们和现在老板洽谈的涨薪幅度。这时，我们就控制了谈判的走向。

上面的薪酬谈判案例给我们提供了很好的视角，我们如果想在一次谈判当中占据优势，就一定要有更多样的备选方案，所谓“手有余粮，心里不慌”。当我们在谈判前就有了让我们比较满意的备选方案时，在谈判中我们会非常游刃有余。

我们在实战谈判中应用供求优势时的一个方法就是向对方透露有限的备选方案信息，即我们告知对手我们有备选方案，但不告知对手备选方案细节。

比如我们作为买家为了采购物品而询价，卖家报价时，我们要面带惊讶地说："这么贵啊，问了好几家，你们这里价格最高。"别小瞧这一句话，有时就会带来奇妙的效果，如果是心急的卖家会直接把价格降下来。或者我们选择用透露备选方案的方式直接给出一个心理价位，"这么贵啊，问了好几家，没有超过20块的啊！"这个20块就是我们的心理价位，通过这个方式给出来，有的时候就会让对方让步。

当然，只透露备选方案就能让对方让步只能是在小金额的单次谈判中发生，在大型商务谈判或复杂谈判中，充分利用备选方案的方式就是"招标"，即通过发出合作意向吸引所有潜在合作者来参与竞标，然后从中选择最优的选项，由于参与竞标的人都知道有其他竞标方的存在，因此，他们在和招标方的谈判中毫无优势可言，所以，用招标的形式能最大限度地建立供求优势。

我曾经有一个同事小贾就用"招标"的方法把房子多卖了四万元。

小贾在老家有一栋老房子，他准备把房子卖掉。他把房子交给中介处理，中介带来了不少人看房，最后有三拨人的购房意向很强烈。小贾让中介联系到这三拨人，通知他们都在同一个时间来老房子这里会面。当三拨人都到齐以后，小贾和他们说："今天很感谢大家过来，因为我国外亲戚突然有急事，我要出国一趟，所以没有时间和大家一对一地谈房子的事了，只能约大家一起过来。今天就把房子的事情定下来，然后我就出国了。

"不过这样也好，定下来以后，我们彼此的时间都节省了。我对房子的要价大家也都从中介那里知道了，谁觉得这个价位能接受，我就和他签合同。”

虽然小贾说的话听起来不是招标，但实际上这就是小贾用的一个谈判策略，他通过集中招标的方式让这三拨人互相PK，最终他的成交价比他的要价要高出四万块。美国谈判大师罗杰·道森曾说谈判是世界上赚钱速度最快的工作，大家看，小贾用了几个小时就赚了四万块，这速度是不是真的够快啊！

可能有人会说现在的房地产市场，卖家本来就处于强势地位，所以用招标的策略行得通。不过我告诉大家，小贾这个案例是在2005年的时候发生的，那时的地产市场远不如现在火爆，很多人买二手房时都决策很慢，所以，小贾才会用招标的方式来卖房子。换了现在，都不用小贾主动招标，中介直接就帮我们自动调价了。

在利用招标方式来最大化供求优势方面，还有一个著名的“摘樱桃”策略。这个策略的本质还是招标，但区别是比一般招标更细致。摘樱桃策略需要投标方进行分项报价，然后，招标方除了会让投标方在总价上 PK 以外，还会在每个分项上再让投标方继续 PK，这是把供求优势发挥到极致的一种方式。

2. 让对方无路可走

现在我们已经懂得在谈判中拥有备选方案，并加强备选方案可以使我们在谈判中有供求优势。但是在实战谈判中，我们并不总能让自己的备选方案变多，并变得更有力度。此时，我们可以反向操作，也就是我们可以通过减少谈判对手的备选方案的方式让自己拥有供求优势。

爬过泰山的朋友应该都知道，在上山走了一段路程以后，你就会遇到一些卖水的老乡，这些老乡卖的水都比山下贵出不少，但还是有很多人会买来喝，因为当你爬山口渴时，除了买老乡的高价水，你也没有其他的选择。这些老乡每天背这么多水上山来卖就是看中了在山上没有竞争对手，游客在和他的谈判中没有备选方案，只能按照老乡的定价来买水。这些我们在身边经常见到的例子完全可以被我们使用到一些具体的谈判情境当中。

2018年夏天，美国职业篮球联赛（下文简称NBA）开启了一年一度的自由球员市场，每年的这个时候，自由球员都可以和潜在球队洽谈新一年的球员合同。休斯敦火箭队的中锋卡佩拉和火箭队的球员合同在2018年夏天到期，因此，卡佩拉需要和火箭队洽谈一份新的劳资合同，卡佩拉的谈判代表是他的经纪人，火箭队的谈判代表是总经理莫雷。在卡佩拉和火箭队的原合同中，有一项对于新合同的规定——卡佩拉可以和除了火箭队以外的其他球队洽谈合同，但火箭队享有优先匹配权，即如果火箭队的出价和其他球队的出价相同时，卡佩拉就必须和火箭队签约。

卡佩拉的经纪人在自由市场一开启后，便放风说卡佩拉在谋求一份5年9000万美元的合同，这其实是在进行报价，但由于没有和火箭队正式接触，所以经纪人还有对此价格调整的余地。这就是经纪人高明的谈判手法，既表达了自己的诉求，同时又不会把谈判逼到僵局。

对于5年9000万美元的价格，火箭队是无法接受的，因为火箭队现有的薪资空间无法容纳这么大的合同，火箭队能开出的价格是5年8000万美元，这样一来，卡佩拉和火箭队之间就有了1000万美元的谈判分歧。

卡佩拉方面的谈判优势就在于供求优势，因为除了火箭队，NBA中还有其他球队希望得到卡佩拉，所以卡佩拉方面的策略就是“价高者得”。火箭队由于没有供求优势，一度让谈判陷入被动。这时莫雷显露了他高超的谈判策略，莫雷也通过记者向NBA其他球队放风说，无论别的球队开出什么价码，火箭队都会进行匹配，哪怕火箭队的薪资空间吃不下，火箭队也会自己想办法，火箭队一定会得到卡佩拉。此外，莫雷还在自由球员市场上与一些运动特点和卡佩拉相似的中锋频繁接触，并签下一个德国籍中锋。莫雷此举就是在告诉卡佩拉团队，你手里有备选方案，我现在也有备选方案了。

然后，莫雷也不主动联系卡佩拉的经纪人，而是默默地等待，用拉高时间预算的方式迫使卡佩拉在自由球员市场关闭前做出选择。

莫雷的喊话让其他球队在和卡佩拉谈判的事情上都开始犹豫，如果火箭队最终匹配其他球队的报价的话，其他球队就白白浪费了时间和卡佩拉谈判。而市场上的中锋本来就不多，和卡佩拉谈判的时间内，其他中锋有可能就被签掉了。算来算去，其他球队都放弃了和卡佩拉的谈判，这样一来，莫雷成功“砍”掉了卡佩拉所有的备选方案，最终，卡佩拉的经纪人耐不住性子来找莫雷，莫雷成功地用5年8000万美元的预算留住了卡佩拉。

这个案例中，莫雷从供求劣势到供求优势的转化主要就在于他对其他球队的喊话成功“瓦解”了卡佩拉的备选方案，让卡佩拉变成了供求劣势。当然，其他球队相信莫雷的喊话是因为莫雷之前确实有过以非市场价格匹配球员的经历，这让其他球队不得不相信这个言出必行的“疯子”总经理。

综上，我们在实战谈判中利用供求优势时，既要增加我方的备选方案，又要减少对方的备选方案，要两手抓，两手都要硬，这样，我方才能占据谈判的主动，对方才会陷入被动。

想想看：

你之前是否有过被“砍掉”备选方案的经历？你是否每次谈判都已经确定好备选方案？

试试看：

在每次谈判前，完整梳理备选方案，有条件的话，进一步加强备选方案的力度；

尽量摸清谈判对手的备选方案，有条件的话，破坏它们，没有条件的话，找到这些备选方案的漏洞，然后向谈判对手证明他们备选方案的不可用。

三、情绪优势

许荣哲在《故事课1》中讲到了这样一则关于乞丐的故事[①]：

一栋大厦的台阶上，坐着一个双目失明的老人在乞讨。旁边的纸板上写道："我是一个盲人，请帮帮我！"

老人蜷缩在那里，样子十分可怜，可走过的路人却大多数视而不见。

有一个女孩子从老人身边走过后，突然转身回到了老人身边，并捡起纸板，在纸板背面写下了一句话，放下，然后离开。

随后，奇迹发生了。

路过老人身边的人有很多都停下脚步，把硬币投到老人前面的盒子里。

夕阳西下，女孩儿又回到老人这里。

老人从鞋子上摸出还是那个女孩，老人便问："你在纸板上写了什么？"

女孩儿说："同样的话，我只不过换了一个说法，我写的是——这真是美好的一天，而我却看不见。"

为什么换了一个说法，效果却截然相反呢？因为第一种说法让人们看到的是请求，面对请求，人们会权衡利弊；第二种说法让人们看到的是示弱，面对示弱，人们会心生怜悯。所以，在这场主题是"施舍"

① 许荣哲，《故事课1：说故事的人最有影响力》，北京联合出版社，2018

的谈判中，没有一点优势的乞讨者仅仅靠着示弱就能让自己实现谈判目标，而这就是“情绪”的力量。

情绪是什么?

心理学对情绪的定义是：个体对本身需要和客观事物之间关系的短暂而强烈的反应。情绪是一种主观感受和一种生理反应，情绪还会影响人的认知，让人表达出特定的行为。

情绪对人类有什么意义呢?

达尔文在《人和动物的感情表达》一书中曾解释过情绪的意义。他认为，情绪能够帮助人和动物更好地适应环境，而且情绪大多具有目的性，就像狗在自己的领地被侵犯时会狂叫不止，是因为狗要通过这种愤怒的情绪向敌人表达不满和自己的攻击性。

具体来讲，人有“情绪”是为了更好地生存，为了生存，人类需要有某种情绪来推动一些行为的产生，比如：

好奇，驱使人探索环境；

信任，帮助人们建立社会关系；

恐惧，会使人避免外在伤害并远离风险。

所以，在原始人类的日常生活中，情绪可以让人类自动趋利避害，做出更利于生存的选择。所以，情绪作为一种“自我保护机制”，被留在了我们的基因里世代相传至今。

看到这里，大家应该明白为什么我们在实战谈判中会把情绪当作一种优势来加以利用，因为情绪是人的一种自然本能反应，一旦人在产生某种情绪以后，必然会触发一些行为，正如上面列举的那些原始人类的情绪会触发原始人类的行为一样，身处现代发达的商业文明中的人类依然无法克服情绪带来的反应行为，因为人脑的进化速度远远慢于环境的变化速度。美国西北大学传播学教授吉姆·柯明斯的著作《蜥蜴脑法则》中认为，人脑在做出这些自然反应时的状态和蜥蜴这样的脊椎动物没有区别。他书中的核心观点是，快速说服他人的秘诀就是调动对方的“蜥蜴脑”，让对方产生自然反应。

什么能最快速地触发人类的自然反应？答案是情绪。

所谓的“情绪优势”，就是指我们在实战谈判中通过我方的行为让谈判对手产生某种情绪，进而让谈判对手因为这些情绪被触发而产生一些本能的行为，这些行为有利于我方达成目标。

可以这么说，营造情绪优势是实战谈判中成本最低的策略，但有时却是效果最好的策略，原因就是我在前文中曾介绍过的“蜥蜴脑”原理——人的情绪就是行为的开关，一种情绪必然触发一个行为。在实战谈判中，我们最希望触发谈判对手的行为就是同意我方谈判诉求，而触发这种行为的情绪开关主要有两种，一种是喜悦，一种是愤怒。换句话说，我们希望通过采用某种行为来触发谈判对手喜悦的情绪，或者采用某种行为来避免触发谈判对手愤怒的情绪。

具体说，喜悦的情绪可以让谈判对手对我们产生好感，进而由于好感而产生信任。此外，喜悦的情绪有时可能让谈判对手做出一些非理智的行为，比如不要任何条件就同意我们的谈判诉求，这在谈判桌上也时有发生。

另一面，愤怒的情绪则可以让谈判对手对我们产生厌恶，进而失去对我们的信任，导致不乐于和我们谈判，甚至终止谈判的情形。从我方角度来说，当我方决定坐下来和对方谈判时，我们就不希望谈判破裂，否则我们就没有必要坐下来，所以，既然我们已经决定通过谈判来解决我方的问题，我们就要尽量避免让对方产生愤怒的情绪。

下面我们介绍四种可以激发谈判对手“蜥蜴脑”的行为，分别是给予赞美、适当示弱、心理联结、保持公平。

其中，对于喜悦的情绪优势的营造方法有三种，分别是给予赞美、适当示弱和心理联结，这三种方法的优势强度依次递进。对于避免愤怒的情绪优势的营造方法是保持公平。

1. 给对手吃个汉堡包——给予赞美

赞美是一种最简单但效果最好的沟通工具，因为这种沟通工具不需要复杂的学习，每个人都可以马上学会，但却能让对方产生强烈的好感和认同感。因为从心理学角度来说，每个人都有一种渴望被关注和被认同的心理，当一个人的这种心理被满足时，他就会产生非常强烈的满足感和充实感，而赞美恰恰正是这样的一种认可方式。

我们前面反复表达，人是情绪动物，一旦人的“蜥蜴脑”被触发，人就会不由自主地产生某种行为。当人被赞美时，人就会对赞美他的人产生好感，在谈判桌上，这种好感有时可以带来巨额利润。

1921年，美国柯达胶卷创始人乔治·伊斯曼决定新建一所音乐学院和一座剧院（后来全美最好的音乐学院伊斯曼音乐学院和伊斯曼剧院），纽约的一家高级座椅生产商听说后希望赢得音乐学院和剧院的座椅订单，于是座椅商的老板詹姆斯便联系上伊斯曼，约好进行座椅采购谈判。

詹姆斯走进了伊斯曼的办公室，伊斯曼让詹姆斯等了他一会儿，他处理掉一些公文后，走到詹姆斯面前开始洽谈。

伊斯曼开门见山地问："我有什么可以帮助你的？"

詹姆斯却没有回应，而是说道："你好，伊斯曼先生，真没想到你办公室的装饰和摆设如此典雅，我一直从事室内装饰行业，但却很少见到这种风格的办公室，当初装修时，你一定费了不少心思吧。"

伊斯曼回应道："还真是，你让我想起了当时装修这座大厦时的情景。"

詹姆斯又走到墙壁前，摸着木质墙板说："这是英国橙木，从纹路上能看出来和普通意大利橙木墙板的区别。"

伊斯曼眼睛一亮："没错，我托一个做木材生意的朋友帮我在英国选的。"

随后，詹姆斯和伊斯曼又交流了办公室内的色调、平衡感以及手工装饰品等，詹姆斯说："从这些装修的细节可以看出来，伊斯曼先生是一个对品质要求非常高的人，怪不得柯达公司会这么伟大！"

之后，伊斯曼和詹姆斯越说越投机，甚至给詹姆斯讲了自己少年时代如何克服贫困，以及他是如何走上照相技术道路的过程，并给詹姆斯介绍了他如何研制照片底片的情形以及等待药水变化时72小时不睡觉的故事。

最后，两人共进午餐，同时一个价值9万美元的大订单也被詹姆斯收入囊中，当然，此后伊斯曼和詹姆斯也成了好朋友。

这是一个典型的通过赞美赢得谈判对手好感，赢得对手信任，并最终付出很少成本就达成谈判诉求的案例。这也是我希望大家在今后的谈判中能实现的案例。我结合这个案例来给大家介绍如何使用“汉堡包式”的赞美法让我们的赞美听起来不是恭维，而是真诚。

所谓“汉堡包式”的赞美法本质上是一种总分总的表达结构。我们都吃过汉堡包，汉堡包上下是两片面包，中间夹着一片肉。在赞美对方时，我们首先要给出一个总体的正面评论，就像汉堡包上面那片面包，然后给出可以支撑正面评论的细节干货，就像汉堡包中间那片肉，最后给出一个升华的总体结论，就像汉堡包底下那片面包。

这种总分总结构的汉堡包赞美法让被赞美人十分受用的同时，还使人感觉真诚可信，而普通的赞美方式则只有一句概括性的正面评论，虽然也是赞美，但不免显得生硬，有时甚至让人觉得是敷衍。

以上面案例中詹姆斯对伊斯曼的赞美过程来对比分析看一下。

普通式赞美：“伊斯曼先生家的装修真是不错。”

汉堡包式赞美：

总体评论：“伊斯曼先生，真没想到你办公室的装饰和摆设如此典雅。”

支撑细节：“这是英国橙木，从纹路上能看出来和普通意大利橙木墙板的区别。”

升华结论："伊斯曼先生是一个对品质要求非常高的人，怪不得柯达公司会这么伟大！"

汉堡包式赞美真诚可信的原因在于，不仅指出了对方的“好”，更指出了对方“哪里好”，然后引申到对方“人好”，这样就从肯定对方的局部到肯定对方的整体，由外及内地满足了对方的存在感，所以会使被赞美的人非常舒服。比如下面这段对于梁朝伟的赞美，“梁朝伟有一种忧郁的帅，特别是他的眼睛，有一种忧郁的孩子气，让他成了区别于其他明星的存在”。

大家可以试试在谈判开局阶段使用汉堡包赞美法，一定可以快速让对方产生好感，增进彼此的信任度，这对于快速推进谈判进程有非常大的帮助，特别是面对有高层或是有女性参加的谈判，更要用些时间来赞美一下对方，因为他们比普通人需要更多的关注。

赞美女性从服饰、妆容、发型、皮肤和首饰这几个方面比较容易入手，比如："李姐，您今天这件披肩配色非常好，这种蓝色特别像唐卡中天然彩石的颜色，显得您整体气质非常优雅。"

赞美高层从公司业绩、领导力、职业生涯这几方面比较容易切中要害，比如："韩总，您在业界可是鼎鼎大名啊！拿下石化总部的大单堪称经典战例，您就是我们年轻人学习的榜样啊！"

还是那句话，人都是情绪动物，人在喜悦的情绪下很容易同意别人的要求。另外，除了在比较正式的商务谈判场合，在日常的生活和工作沟通情境下，我们也可以通过这种汉堡包式赞美法和他人保持良好的互动关系，从而让他人能够更容易地配合我们的工作。

2. 我书读得少——适当示弱

国内地产巨头之一的某地产集团前任CFO曾透露过其公司主席兼创始人的谈判套路。这位地产主席在和官员接触时，会非常内敛、低调，他在拿地过程的谈判中，经常爱说的一句话是：

“我是个农民，书读得少，很多事情听不懂，人笨。”

这一句话，尽管寥寥数语，却证明他是个谈判高手。这句话的套路就是两个字：**示弱**。

示弱能起作用，原因就在于“示弱”就是承认自己没有对方强大，这样对方的虚荣心就会得到满足，当对方觉得自己比你强时，他自然而然地就会想通过“照顾一下”这种行为，来印证我确实比你强。

和赞美一样，示弱这种行为会满足对方的存在感，而这种存在感要强于赞美带来的程度，因为这是一种对比下产生的存在感，让人更受用。所以，恰当地运用好示弱这个行为，有时可以轻而易举地就让谈判对手满足我们的诉求，比如当一方对另一方哭泣、祈求甚至下跪时，一方往往会措手不及，因为哭泣也好，下跪也罢，都是一种强烈的示弱行为，没办法了才会哭，才会求，这时对方往往会同意或至少部分同意示弱者的诉求。

不过，我要强调的是，我建议的行为是——适当示弱。我建议大家在谈判中可以有示弱行为，而且是必要的，但一定要适当，如果示弱过度就会让对方认为我们是真弱，不是示弱，那样的话，我们的谈判反而不好进行。

适当示弱的要点在于“点到即止”，比如前文中的创始人只需要说一句“我是农民，我读书少”就够了，但其他行为一点都不用像农民。我们在谈判中适当示弱也可以这样：

自暴弱点：“我身体不好，糖尿病，三个加号了，不如你身体好啊！”

自降身价：“您是老板，我是打工仔，我不能和您比啊！”

自暴尴尬：“我每次谈价格都紧张，今天也不例外，出门笔都忘带了，您把笔借我一下好吧？”

在谈判进行到双方聚焦的分歧点时，通过这种适当的示弱，可以有效地缓解双方的对抗氛围，同时让谈判对手看到我们“不如”他们的地方，以触发对方的轻松和喜悦的情绪，从而让对方更容易在分歧点上让步。

3. 和陌生人一见如故——心理联结

美国NLP治疗师尼古拉斯·布斯曼曾在他的《90秒内赢得好感》[①]一书中提出一个问题：“如何让陌生人在90秒内喜欢上你？”

答案就是和对方在心理上进行联结。

当我们和陌生人在心理上有了联结之后，我们和陌生人之间就不再陌生，我们就会彼此熟悉、彼此有共同语言，甚至成为亲近的朋友或者家人。

---

① 尼古拉斯·布斯曼，《90秒内赢得好感》，电子工业出版社，2010

当我们在谈判中和谈判对手有了心理联结之后，谈判对手对待我们的态度就会发生改变，因为心理联结使得对方对我们产生了好感，而有了好感，对方就更容易答应我方的诉求，或至少会从我方角度来考虑问题，并力所能及地帮助我们解决我方遇到的问题。

一般来说，进行心理联结的方式有两种，一种是自然联结，另一种是刻意联结。

第一种：自然联结

这种联结方式是通过寻找双方的共同点来进行联结，比如双方是老乡、同学、校友，或者都从属于某个团队，比如都在某支部队服过役，等等。只要是双方有共同点的地方，都可以被用来进行联结，而当两个陌生人在某一点自然联结后，他们之间就不会再彼此觉得陌生，比如“老乡见老乡，两眼泪汪汪”，在异地遇到老乡，会让人感到格外亲切，就是这个道理。

因此，对于自然联结我们就不做过多介绍。

第二种：刻意联结

刻意联结和自然联结最大的不同是对话的双方没有什么本身就具有的共同点，但又想要在心理上拉近距离，因此，必须通过一些刻意的行为来让双方具备共同点。刻意联结的具体方法有两个：一是“模仿法”，二是“贴标签”。

模仿法

模仿法，顾名思义就是通过模仿对方的举止行为，然后让自己的举止行为保持与对方的一致和同步，具体说，就是模仿对方的**肢体语言**，模仿对方的**语速语调**，以及模仿对方的**语言内容**。

肢体语言：保持和对方的肢体语言一致，对方抬右手，你也抬右手，对方大声笑，你也大声笑。不过在模仿时要注意一点，就是你的动作要比对方的动作稍微晚一些做出，决不能对方刚抬过右手，你马上也抬起右手，过于刻意的行为，反而会让对方看出你的模仿，进而觉得反感。

语速语调：保持和对方的语速语调一致也比较易懂，就是在和对方对话时，根据对方的语速语调来调整自己的语速语调，对方快，我们也快，对方低沉，我们也低沉，这就像两个肩并肩走路的人最后总会变成同一个节奏在行走。

语言内容：最简单的语言内容的模仿是——重复另一方刚刚说完的最后三个字，或者是最关键的几个字。

这种方法虽然非常简单，但常常有着不可思议的效果，其原因就在于，模仿同类是所有生物都会进行的一种活动，这种活动在生物学上被称为“趋同行为”。因为我们害怕“不同”，我们希望和其他人“相同”，也就是我们的潜意识要求我们“随大流”。我们常常讲“物以类聚，人以群分”，我们模仿他人时，是在营造我们是“同类”的感觉，这样可以传递给对方一种下意识的信息：“相信我，因为我们是同类。”

模仿法中最有效的就是模仿对方的语言内容，因为重复他人说过的话会引发模仿直觉，对方会忍不住解释自己刚才说过的话，以保持在联结状态。心理学家理查德·威斯曼曾做过意向实验，请餐厅服务员找出与陌生人建立联结最有效的方法中，是镜像模仿有效，还是正增强有效。

正增强组的服务人员大力赞美与鼓励顾客，当顾客说出要求时，他们会说“太好了”“没问题”“当然好”等话语。镜像模仿组的服务人员则简单复述客人要求的事。最终实验结果惊人，镜像模仿组的服务人员拿到的消费比正增强组高出七成。

贴标签

除了模仿法以外，另一个刻意联结的方法就是贴标签。所谓贴标签，就是指快速地给对方的情绪贴上一个标签，让对方感到自己被倾听、被理解，进而对我们产生好感情绪。

贴标签的具体做法：

第一步，倾听对方的语言和语气，观察对方的肢体动作，来感受对方通过语言和肢体动作传递出来的情绪；

第二步，明确说出对方的情绪，但要使用“听起来”“看起来”“似乎”这类的模糊语言表达；

第三步，沉默，等待对方把自己的情绪补充完整。

贴标签是指给对方贴上情绪标签，要达到这一点则必须依赖明确说出对方的情绪，这样便会证实对方的情绪，给对方的情绪一个名字，可以表现出我们懂得对方的感受，而做到这点并不需要我们先问一些没有意义的外在问题，例如“你的家人好吗？”就能更贴近对方。

比如在客诉谈判中，客户怒气冲冲地来到超市的售后服务部门对购买了不合格产品要求高额索赔时，有经验的客服人员不会直接和客户来洽谈到底哪个地方不合格，超市的赔偿制度如何处置，等等，而是会听客户的倾诉，告一段落时，看着对方的眼睛，用理解的声音对客户说：“听起来这个不合格产品毁了你的生日 Party，让你在朋友面前难堪，你很生气。”这时客户99% 的概率会接着说，“当然生气了”，然后继续描述自己生气的情绪，但同时，客户也会发现面前的客服人员听懂了他，而不是在敷衍他，所以，最后客户会平静下来，和客服人员达成一个合理的协议。

所以，在对方情绪紧绷时，贴标签的方法很有效，因为这种方法把对方的负面情绪放在了阳光下，可以大大减轻对方被负面情绪困扰。

总结下来，不管是自然联结还是刻意联结，都可以帮助我们和谈判对手快速地拉近距离，而通过模仿法和贴标签这两种非常有效的刻意联结方法甚至会使得谈判对手与我们产生类似“一见如故”的喜悦情绪，这是一种比赞美和示弱都程度更强的喜悦情绪，因此也会触发比赞美和示弱对应行为更强烈的回应。

4. 不患寡而患不均——保持公平

从情绪的角度来说，当人发现自己没有得到公平对待时，他“蜥蜴脑”中的愤怒开关就被按下，而愤怒后的谈判者是很难同意和谈判对手达成一致的，很多时候都会让谈判破裂，甚至两败俱伤。

所以，我们提出的避免对手愤怒的情绪优势行为是保持公平。

具体说，在谈判中保持公平的方式有两种，让对方可以说“不”，以及让对方感觉收益平等或更大。

第一个，谈判中让对方可以说“不”。

在实际的谈判中，让谈判对手有可以随时说“不”的权利，会满足对方对于公平的心理需求。特别是我方如果主动告知对方可以说“不”的时候，谈判对手不仅会觉得公平，甚至还会对我方主动给予的公平给予好感，从而让谈判的信任度更高。

比如，在谈判开始前和对方说：“在我们下面的合作模式交流中，您可以随时说不，我们就在您说不的地方停下来，开始讨论，解决掉我们的分歧，然后形成一个我们双方都认可的协议，因为只有这样的协议才是可执行的协议，可以吗？”

大家感受一下，如果你的谈判对手和你这样表达，你是否会感到被公平对待，并对谈判对手产生好感，认为对方是一个诚实守信的人呢？

在我们设定的谈判关系目标是要和对方保持长期合作关系的情况下，允许对方说“不”这种行为反而会减少对方说“不”的次数。还是那句话，人是情绪动物，允许对方说“不”的行为安抚了对方，反之，在谈判中设置各种条条框框，不允许对方说“不”，只能在既有框架下谈的行为则会激起对方的愤怒，哪怕我方优势巨大，对方当下无法对抗，但对方愤怒的情绪会被埋下，日后对方必然要找到“报复”的出口。

此外，在日常沟通中加入“让对方说不”的元素也会让我们和他人沟通时，特别是在和陌生人沟通时，更容易让对方降低心理防备。

比如我曾在一次商务谈判中和对方的主谈者有较大分歧，谈判走不下去时，我们内部讨论决定试一试直接和对方的总经理来交流。我于是用 Cold Call（陌生电话拜访）的方式和对方总经理约访交流，对方总经理听明我的来意后开始是以没有时间的理由婉拒，后来在我的再次请求下有一点犹豫不决，此时我说：

“李总您好，您不用太为难，我只是想和您见面，把前面两家交流的情况当面给您做一个汇报，不会耽误您太多时间。如果您在我汇报时觉得不想听下去了，您可以随时叫停，我决不耽误您更多时间。”

李总听我这样说，他不再纠结，而是痛快地和我约好了会面时间。之后，我通过和李总的会面把之前两家搁置的谈判顺利地推进了下去。

除了在谈判中给予对方说不的自由，我们也可以通过在谈判后让对方认为自己受益更大的方式来让对方有一种“赢”的感觉。

第二个，谈判后让对方认为自己收益平等或更大。

没有人会喜欢“输”，当人感到自己输了的时候，一定会产生愤怒的情绪，所以谈判时让对方不要认为自己收益更小，而是觉得自己收益更大，或至少和我们平等时，对方才不会产生愤怒的情绪，甚至还可能产生喜悦的情绪。

那怎么做让对方认为自己收益平等或更大呢？可以试试下面几种方法。

A. 不要在谈判时和谈判后沾沾自喜，无论是否达成了你的谈判目标，都要保持平静，做个 Poker Face（扑克脸）。如果能装出不情愿成交的样子当然更好，如果不能，至少不要开怀大笑，因为你的胜利意味着对方的失败，对方绝不会认为双赢存在。

B. 在谈判后称赞对方谈判的专业性和谈判经验的丰富性，告诉对方你已经被他们榨干了，你回去要被老板骂了。

C. 如果不愿意按前面两条“表演”，可以选择在谈判后赠送一些“条件赠品”。我们在预算章节介绍过，在准备谈判时要准备各种条件预算，这些条件预算可以在和谈判对手洽谈方案时用来当作交换筹码，同时也可以当作谈判后赠送给对手的“赠品”。不要小看这个赠品，它会让对方产生收益更大的感觉。不过要注意，赠品一定和谈判内容有关，这样才能让对方感觉“占便宜”了。

比如4S店销售汽车后，告知对方在保修期后额外赠送一次保养。

比如地板销售商销售地板后，告知对方赠送一次地板打蜡。

总　结

谈判发生的三个条件：彼此需要、无法忍受以及愿意对话；

在谈判中，更需要对方的一方处于弱势，更被对方需要的一方处于强势；

谈判优势源于三个方面：利益优势、供求优势以及情绪优势；

利益优势的核心——要么帮他，要么伤他；

供求优势的核心——增加我方的备选方案，减少对方的备选方案；

情绪优势的核心——通过我方的行为（赞美/示弱/联结/公平），触发对方的自然反应。

第4章

巧用规则促成谈判

只要是游戏就会有规则

2018年7月11日，俄罗斯世界杯法国和比利时的半决赛进入伤停补时阶段，法国前锋姆巴佩因为发界外球时故意延误比赛，被当值裁判出示了黄牌警告，而姆巴佩的这一行为在赛后也引来了全世界球迷的口诛笔伐。其实，在足球比赛当中，领先的一方在比赛最后阶段通常都会通过换人、慢发界外球以及救治伤病等行为来拖延比赛，进而守住胜利直到比赛结束，法国前锋姆巴佩的举动只是做得太“明显”而已。落后一方的球迷在看到这些拖延比赛的行为时往往都会怒不可遏，但却又无可奈何，因为主教练的换人也好，球员因“抽筋”倒在球场上也好，都是比赛规则所允许的行为，裁判也不会因为这些行为惩罚教练和球员。所以，拖延比赛时间已经被广泛使用在正式的足球比赛当中，这就是足球比赛的“游戏规则”。

实战谈判课关于谈判的第四个要素就是谈判的游戏规则——谈判标准。

谈判标准在谈判中重要的原因就在于标准是客观的，是被谈判双方普遍接受的、不受人为影响的一种准则。一旦引用了某种标准或规则来参与谈判双方的方案制订，会大大提高谈判双方对于协议方案的接受度，而且会让谈判双方认可谈判过程的公正性和平等性，从而使协议方案的执行得以有效保障。

此外，很多情况下，当引入某种标准和规则作为评判依据时，谈判双方的沟通进度会大大加快，特别是在谈判双方信息不对称的情况下，采用通用方案而不是定制化方案更容易被谈判中信息较少的一方所接受，这都是因为标准的客观性能让谈判者们获得安全感。

谈判标准是大多数谈判新手最容易在实战谈判中忽视的有效抓手。因为大多数不熟悉谈判的人不知道很多谈判不用通过你来我往的交涉，而只用列出某项“标准”就会很容易达成协议，特别是当谈判双方所谈事物有明确的可以参照的标准时。这时，就算谈判对手优势再大，他也要服从于某个“标准”，就像《西游记》中，孙悟空能耐再大，也还是被捆仙绳绑住了手脚。所以，谈判标准对于谈判作用十分巨大，其重要作用主要体现在以下两个方面。

作用一：保证公平

标准对于谈判的第一个重要作用在于标准会影响谈判的公平性，进而影响到谈判双方内心对于“输赢”的感觉。正如我们在前面的情绪优势中提到的那样，一旦谈判的一方感到在谈判中受到了不公正的对待，那么他们就会被触发某种行为，很多时候，这种行为都会对谈判双方造成损害，正如谈判双方所讨论的方案完全不参考任何类似的先例或某些“行业标准”，这会使得谈判其中一方认为自己输了，而对于在谈判中认为自己会输的一方来说，他们有时宁可不达成交易，也不愿让对手赢，尽管不达成交易自己会输得更多。

比如在二手房交易中，卖方如果不参考相同地段房产的近期成交价格，而报出远高于“标准价”的要价，那么对于买方来说，达成这笔交易的可能性极低，即使达成也会让买方有失败的感觉。

为什么我们要如此重视谈判中输赢的感觉呢？因为从社会心理学角度来说，人总是理性思考，感性决策，也就是说，人们在考虑交易方案时基于理性的判断来观察方案是否能合理地满足自己的利益，但人们只有在“感觉”舒服或者赢的情况下才会决策，也就是决定成交。即使有些时候，理性判断下，不达成交易的成本十分高昂，比如在人质危机事件中不答应恐怖分子的要求，人质的生命会被终结时，人们也可能因为“感觉”不舒服而选择两败俱伤的结局。

此外，谈判绝不是从谈判桌上达成交易那一刻结束，而有时，谈判恰恰是从达成交易那一刻才开始，因为很多谈判都涉及后续的履约行为，特别是在履约行为过程中很多细节没有在谈判中进行约定，谈判双方会再次进行很多场大主题、小主题、迷你谈判来推进履约行为。这时，如果谈判中的一方没有在之前关于大主题的谈判中有赢的感觉，那么他一定会在之后的各种迷你谈判中设法找到赢的感觉，这样一来，势必要增加谈判难度，浪费双方的时间、精力，有时甚至会让很多已经达成的交易无疾而终。

所以，对于任何一场谈判，谈判双方都应该提前准备好一些适用于所谈内容的标准。特别是占有优势的一方，你需要在谈判中让对方知道你不是在“仗势欺人”，而是在“依理办事”，这样，对方心里就不会产生不公平感。

对于不占优势的一方，更要找到能束缚住强势一方的某个标准，就像能用捆仙绳抓住孙悟空一样，用这种标准把强势一方的优势限制到最小，这样才能让自己在达成谈判一致时获得尽可能大的收益。

作用二：解释结果

在实战谈判中，你有时不只代表你个人在进行谈判，你或许要代表你所在的组织、你的老板、你的合伙人，或许代表你的委托人，这个委托人可能是你的父母，可能是你的亲戚朋友，等等。

这时，你的谈判就会变得复杂起来，因为你不仅要和谈判对手“过招”，你还要给你后面那些观众“拆招”，告诉他们你为什么那样说，为什么那样做。即便有时那些观众不在谈判现场，他们也会在别处等着你传达结果。在这个过程中，很可能发生一种情况，就是你的做法得不到这些人的理解，他们会对你产生质疑。

此时，谈判标准就派上了大用场，一般来说，只要依据标准进行谈判，在向你后面那些观众解释谈判结果时，他们往往都会同意你的最终方案。比如在买卖二手房时，你会发现只要依据标准，向你的爱人解释房价就会更容易：“我把房价压低到地段平均价了，这个地段的市场平均价是3万元，我们拿到的价格是2.9万元，我很棒吧？”听到这样的表述，你的爱人肯定会夸奖你的谈判能力。

谈判标准让我们能够更轻松地向别人解释我们的谈判结果，这让我们不会受他人的质疑，感到来自人群的压力。

必须遵循的五大谈判标准

一般在实战谈判中，常用的谈判标准有五类，分别是，法律道德、行业组织规则、过往成交案例、权威话语和谈判对手的承诺。

一、法律道德——国有国法，家有家规

中国有句古话："国有国法，家有家规。"不管是哪个组织，或是在哪个地区，你总能找到必须遵守的某项规定或要求，因为从组织行为学的角度，一个组织必须有一些其内部成员都要遵守的条例或规定，这样才能保证组织内部的有序性，而有序性是组织能够长期存续的基础。于人类而言，我们都要遵守道德；于国家而言，我们都要遵守法律；于行业而言，我们都要遵守行规；于游戏而言，我们都要遵守游戏规则。在实战谈判中，谈判双方所聚焦的谈判议题一定是在符合谈判双方所在组织或所从事行业的内部规定下进行的，比如谈判双方如果是在中国谈判，那么一定要在中国的法律法规的框架下来谈，否则所谈方案不仅无效，甚至还有法律风险。如果谈判双方是代表公司来进行合同谈判，那么，谈判的内容就一定要符合公司的规章制度，如

果不符合，也会被公司责罚。

所以，在谈判中一定要始终牢记谈判双方的头上都戴着“紧箍儿”，绝不可以肆意妄为，特别是当谈判中一方强势一方弱势时，强势一方常常因为优势巨大而行事有些“嚣张”，有时会触犯一些红线，这时，利用好这些红线（谈判标准中的法律法规）就能让弱势一方绝处逢生。

李晓光是湖南某大学的一名在校学生，因为家里经济条件不太好，他有时要和其他同学借钱来周转。后来，他发现网上有一种“校园贷”的短期金融平台，不用抵押物，只凭身份证就可以借到钱。李晓光认为，从校园贷借钱简单方便，还不用看别人脸色，便从校园贷借了4000元钱。李晓光借钱时比较着急，没有考虑很多，可等他冷静下来后才发现，校园贷虽然借贷手续简单，但利息却高得离谱，李晓光的4000元借款以分期付款的方式还清，共12期，每期要还款845元。这样算下来，一年后李晓光就要还校园贷1.014万元，其中本金4000元，利息竟然高达6140元。李晓光是法律专业的学生，他上个学期刚学过银行法，他知道最高人民法院在《关于人民法院审理借贷案件的若干意见》第六条中曾对利息做出过明确规定：

民间借贷的利率可以适当高于银行的利率，各地人民法院可根据本地区的实际情况具体掌握，但最高不得超过银行同类贷款利率的四倍（包含利率本数）。超出此限度的，超出部分的利息不予保护。

李晓光自己计算了一下发现，校园贷的利率相当于年利率154%，而当地银行贷款年利率是7.5%，四倍就是30%，校园贷的利率超过银行四倍利率124%，可以说校园贷就是纯正的“高利贷”。这样的话，如果按照最高院的《关于人民法院审理借贷案件的若干意见》规定，属于高利贷的这部分李晓光完全可以不用支付，因为高利贷不受国家法律保护。

想到这些，李晓光决定用法律武器来和校园贷谈判，由于畏惧校园贷可能存在的暴力恐吓，李晓光找到了大学辅导员和其他一些同学，在大家的陪同下，李晓光和校园贷的人员进行了关于“利息额确认”的谈判。谈判过程不必赘述，尽管经历了很大的波折，但最终的结果是李晓光的诉求达成，他只需要支付30%的年利率，也就是4000元的本金，1200元的利息，其余4940元利息由于属于高利贷部分，李晓光不用支付。

这个案例中李晓光非常幸运，他因为学习过和民间借贷相关的法律，并且在学校老师和同学的“助威”下，经营校园贷的社会人员觉得和他“动粗”有风险，所以没有和他做过多纠缠，事情最终得到了妥善的解决。当然，李晓光在和校园贷PK的过程中一直在用法律这个谈判标准来给自己“冲锋陷阵”，面对这个最强通用性的标准，不管是警方、校方，还是校园贷一方，都不得不遵守照办。

通用性最强的谈判标准除了法律以外，还有道德和礼法。法律是通过具体的条文规定来强制约束人民，而道德和礼法则是通过公序良俗来约束人民，虽然法律是看得见的标准，道德和礼法是看不见的标准，但道德和礼法的约束性一点都不比法律差，甚至在某些领域要超过法律，比如鲁迅先生所说的“吃人的礼教”。同时，道德和礼法的约束性比法律更广泛，凡是属于同一个文化圈的人都会被同一种道德和礼法约束，所以，同一个文化圈的人都可以使用道德和礼法作为谈判的标准来为自己争取利益。

我的学员黄玲经历过一个类似案例。

黄玲是宁波某纺织外贸公司的副总，负责对接外贸订单。四个月前，黄玲所在公司和一家加拿大厂商签订了一份高档羽绒服供应合同，当时双方约定四个月后交货。不过，在黄玲公司加紧赶货的这四个月当中，加拿大厂商曾两次告知更改羽绒服面料，黄玲公司作为乙方，为了赢得长期的合作，都全部答应了下来，可这样做的结果就是导致了最后的交货期无法保证。

黄玲公司经过和物流商反复协调后，物流商建议从原来的海运改为空运，这样就可以保证合同约定的交货期，但这样一来，物流成本将会大幅上升，这个成本如果都由黄玲公司承担的话，那这单生意将会亏损。在这种情况下，黄玲和加拿大厂商说明了全部情况，希望双方协商一下如何解决，同时邀请加拿大厂商来厂里验货，加拿大厂商同意了黄玲的邀约，他们派出了以总经理尤度为代表的谈判团队来到了宁波。在和加拿大厂商协商前，黄玲公司准备的方案是和加拿大方各承担一半空运的费用。

对方总经理尤度从抵达宁波伊始就表情严肃，在双方进入会议室开始洽谈的过程中始终一言不发。当黄玲提出希望用空运替代海运的建议时，加拿大厂商总经理尤度突然爆发，他指责黄玲公司不遵守合同，拖延交货期，并表示供货期的拖延将给他们造成巨大的损失。在尤度发飙时，黄玲公司的一众人员都自觉理亏，不发一言。不知道是不是感受到了这种理亏的情绪，尤度越说声音越大，情急之下他骂出了脏话。

黄玲听到后拍案而起，严肃地和尤度说："尤度先生，你指责我们拖延了交货期，指责我们耽误了你们产品上市的时间，这些我们都可以接受，但你不可以侮辱人。贵公司作为知名品牌厂家，应该有着很高的道德水准，可你作为总经理，竟然在这种商务场合说出侮辱女性的语言，这是我作为一个女人绝对不能接受的行为，我要求你对你的行为道歉！"尤度也知道自己刚才失态了，而且在这种场合下他的行为还代表了公司形象，他便尴尬地说道："黄小姐，我刚才失态了，我向你道歉。"

黄玲听后接着说道："鉴于尤度先生刚才的行为，我们有理由质疑贵公司的合作诚意和公司诚信度，因此，我们要求贵公司支付海运改空运后多出的运费，否则，我们不会发货。"

黄玲说完这番话后，所有人都看着尤度。尤度感到非常尴尬，他作为总经理，却犯下如此低级的错误，在犹豫片刻后，尤度表示同意黄玲的要求。然后，黄玲马上拟定了关于物流运输的补充协议，双方当场签字。

我们看，黄玲公司本来已经做好了承担一半运费的准备，可因为对方总经理口出不逊，在众目睽睽之下把自己架到了道德的火炉上，让手中的优势白白丧失，这时，黄玲迅速抓住了“道德”这一中外通用的约束标准，扭转了谈判劣势，为自己争取到了远超预期的收益。

二、行业组织规则——惯例也是规则

在《水浒传》第二十七回，武松因手刃西门庆和潘金莲被刺配孟州服刑，武松一到孟州牢营“安平寨”，就有牢友好心相告：“好汉，你新到这里，若包裹里有人情的书信和使用的银两，取在手头，少刻差拨到来，便可送与他，若吃杀威棒时也打得轻，若没有人情送与他，端的狼狈。”

过了一会儿，差拨果然过来找武松问话：“哪个是新到囚徒武松？”

武松道：“小人便是。”

差拨骂道：“你也是安眉带眼的人，直须要我开口说。你是景阳冈打虎的好汉，阳谷县做都头，只道你晓事，如何这等不达时务？”

差拨为什么这么不高兴，当面斥责武松？

因为武松没有给差拨“人情”，也就是武松没有给差拨行贿。通过上面的对话我们可以看出来，犯人初到大牢，都要给差拨行贿，这是人所共知的惯例规则。

同样在《水浒传》第三十八回，宋江因刺死阎婆惜被发配江州，在江州大牢，他遇到了和武松在孟州相同的情况，书中写道：

宋江到点视厅看时，见那节级掇条凳子坐在厅前，高声喝道："哪个是新配到囚徒？"

牌头指着宋江道："这个便是。"

节级便骂道："你这矮黑杀才，依仗谁的势要，不送常例钱与我？"

到这里"人情钱"已经变成了"常例钱"，说明犯人给差拨的行贿已经成为"常例"，这惯例规则只差一纸文书就可以变成明规则。

可见，惯例规则也是规则，只要是规则，就是被某个行业或某个组织内部从业人员所共同遵守的某种行事规范。同样，在谈判中寻找对我方有利的行业规则并加以利用，将会使我方占据优势地位，同时采用行业规则作为谈判的依据，也可以让谈判双方对所达成的协议更认同。

行业或组织规则的谈判标准包括以下几个方面：

1. 行业内大家共同遵守的某种规则

如果进行谈判的两方处在同一个行业内，行业内的规则就会成为双方谈判议题要遵守的标准。从古至今，各行各业都会有属于本行业的独有规则，这些规则的诞生都是为了更好地保护本行业从业人员的自身利益，并维持行业内的有序竞争秩序。所以，对于某个行业内的人来说，他们彼此间的谈判必然要遵守这个行业的独有规则，一旦有人不遵守这些规则，他们必然会遭到整个行业的抵制，久而久之，他们也就无法在该行业内生存。

2. 区域内大家共同遵守的某种规则或制度

俗语有云，到哪座山，唱哪支歌。一个地方有一个地方的规矩，对于谈判来说，谈判所在区域的规则同样是一种不容忽视的谈判标准，国际谈判是对这种谈判标准体现最丰富的舞台，如果你需要进行国际商务谈判，那一定要提前做好功课，搜集并整理对方国家或地区的一些行事规矩。首先要做到不因为不懂得这些规矩而误事，然后做到尽可能地去利用这些规则，让这些“谈判标准”为我所用。

3. 谈判双方各自所在组织的规章制度

很多谈判高手利用这个谈判标准的一个典型方式是把谈判诉求“书面化”，然后在谈判中告知谈判对手，这些谈判诉求是自己公司的要求，自己没办法更改，而谈判对手因为看到“白纸黑字”就自然在心中形成一种“规则感”，认为书面的东西都不能更改，最后都同意了这些谈判诉求。

三、过往成交案例——他山之石，可以攻玉

人类有一条基本行为原则，心理学家称之为社会认同（social proof），就是俗称的“从众心理”。我们常常会发现，一个人的行为会在很大程度上受到他周围人的影响，特别是那些他感到认同的人。人类的这个行为原则已经被学者们研究了几十年，他们发现遵循这个行为原则的不只是人类，鸟类、牛、鱼这些动物都喜欢成群结队，看来，不仅是人类有从众心理，就连没有大脑皮层的那些动物也爱“跟风”。

从众心理的力量非常强大，它往往会战胜理性认知，这就是商业

社会中所谓的“爆款”产生的原因，当你看到别人都在使用某个商品时，你就很希望自己也能拥有一个。我到现在都还记得自己在上初中时，似乎一夜之间，全校的男孩子都爱上了同一款夹克，全校80%的男生都在穿，区别只是颜色的不同。

当然，从众心理的产生不仅仅是出于互相攀比的心态，它更基于人性中两个非常强大的动机：获得社会认同，高效地做出正确的决策。

获得社会认同：人类寻求被社会认同的力量会战胜个体的理性思维，人类的社会属性决定了人必须在群体中生活，而每个群体都必然有自己独有的特征，我们保持和组织同步这种特征是被组织认可的基本要求，这种组织特征最终会演变为一种文化。比如摇滚乐手要么是长头发、要么是光头，比如商务人士必然选择深色套装，比如给孩子起名要用父亲的姓氏等。

高效地做出正确决策：这正是远古时代人类得以“保命”的原因——当看到其他原始人在奔跑时，你也要赶快奔跑，因为后面很可能有只猛兽在追赶。到了现代社会，从众心理可以帮助人们在忙碌、超载的社会生活中获得选择的高效率，人们都相信“大家怎么选我就怎么选”基本不会出错。

在实战谈判中，利用对方的“从众心理”而达成我们的谈判诉求是经常使用的一种策略。可以说，我们对于“已成交案例”这条谈判标准的应用频次相当之高。当我们把大众都会做出的选择抛给对方以后，几乎不会遇到什么抵抗，因为没有人愿意挑战一个群体，让自己变得看起来不一样。

比如，在市场中一个摊位前，你买某件商品时，随口问对方一句“你这东西怎么这么贵呢？”对方十有八九会回答说：“这个市场里都是这个价格，不是我一家这么贵。”看到了吗，摊主会告诉你，他和其他摊主的卖价是一样的，换句话说，所有的买家都是按这个价格买的，你就看着办吧。绝大多数时候，当摊主说了这句话后，你就会心安理得地付钱走人，不会继续和摊主纠缠下去，因为你知道你和大家都一样，你没有占到便宜，也没有吃到亏。

一般来说，在工业品招标时，招标函中都会明确要求投标方要有同类型成功案例，有的甚至要求案例客户和招标方处在同行业、同地区。同样，投标方也可以采用这个策略来达成谈判诉求。

我曾经和国内最大、世界第二大的一家高分子材料生产商洽谈商务合同，在商务合同中我们作为供方有一条涨价条款，这个条款在和客户谈判中被拒绝和被修改的概率高达90%，可以说，几乎所有的客户都反对这个条款。我在和此客户洽谈时，同样遇到了客户的挑战，后来，我只做了一件事就轻易地消解了客户的攻势，让客户欣然接受了我的诉求。

我的方法是给客户提供两份名单，第一份是我们现有客户中接受涨价条款的客户清单，第二份是同样也有涨价条款的同行业竞争对手清单。同时，我已经复印了清单中的每份合同里有涨价条款的部分，以备客户随时查看确认。

我这两份清单向客户展示的是，作为供方，涨价条款是全行业标配，不是我独有，作为需方，涨价条款是所有客户标配，不是这家高分子生产商独有，我用两个方向上的“过往案例”让客户接受了我的谈判诉求，这就是谈判标准的力量。

四、权威话语——人微言轻，人贵言重

2013年4月英国小布朗出版公司出版了一本名为《布谷鸟的呼唤》的推理小说，该书作者署名——罗伯特·加尔布雷斯，书中介绍此署名是作者的笔名。此书推出后，在3个月内仅卖出了449本，当然，在“犯罪推理”这个竞争格外激烈的小说类别下，读者可选择的范围实在太广，这个名不见经传的作者无法在出版界掀起波澜也不足为奇。

可随着英国《星期日泰晤士报》发现这本《布谷鸟的呼唤》的出版编辑和J.K. 罗琳的出版编辑是同一人，且写作风格和J.K. 罗琳的风格十分近似时，出版市场上就出现流言，认为这本《布谷鸟的呼唤》写作技巧娴熟，不像出自一个文坛新人之手，这本书极可能是史上最畅销的儿童文学《哈利·波特》系列小说的作者J.K. 罗琳化名出版。最后，在媒体的不断追问下，出版社承认罗伯特·加尔布雷斯就是J.K. 罗琳的笔名。出版社话音刚落，《布谷鸟的呼唤》销量立刻井喷，只一个周末，书籍销量就增长5070倍，其在亚马逊书籍排行榜上的排名从原来的第5076位直接蹿升到第1位。

这个故事只不过再一次描述出：**作家的名字比内容好卖**。按照现在的流行语就是有了好IP就有好销量，J.K. 罗琳顶着“哈利·波特之母”的光环，只要在书的封面上写上她的名字，这本书马上就能成为畅销书。事实上，这只是心理学上的“权威效应”在出版界的具体显

现而已。

所谓“权威效应”，是指说话的人如果地位高，有威信，那么他所说的话就会被重视，并被相信，也就是我们常说的“人微言轻，人贵言重”。权威效应之所以成立，完全是因为人性对于权威的服从，只要一个人成为某个方面的权威，人们就会对他的言论和行为产生盲从，这是因为人性追求“安全”和“社会认同”的心理。

在日常生活中我们处处可见“权威效应”的痕迹，比如某些消费场所在接待过一些名人后，都会在店中的显著位置摆放名人曾到访的照片，以此来吸引更多的普通消费者。比如某些明星在影视剧中的服饰和箱包，都会在网上店铺中成为被粉丝追捧的爆款。再比如，某个名人曾下榻过的度假酒店日后也被卖出了天价。

正是基于能够赢得社会普遍认同这样的原因，我们把“权威话语”归类为谈判标准之一，也就是说，我们在实战谈判中，可以引用对己方有利的“权威话语”或者权威人物的案例来加强我方诉求的合理性，并以此来说服对方同意我方诉求。

比如，在合同谈判中经常会遇到谈判对手质疑我方合同中的某些条款，此时，你可以引用某个行业权威企业的实例来告知谈判对手，“某某企业和我方合作时就保留了这个条款”，让谈判对手知道我方的这些条款是由权威企业“背书”过的。这样一来，不仅可以回击谈判对手，同时，谈判对手回到公司以后，同样可以用“某某企业就保留了这个条款”来向没有参与谈判的“观众”们解释他为什么没有继续和我方就此点纠缠下去。

在职场中，每个人不仅背负着组织外谈判的压力，同样面对组织内谈判的压力，而且，职场高手都有一个共识，即组织内的谈判比组织外的谈判难得多。所以，当我们采用谈判标准来挡住谈判对手的诉求时，也是在教会谈判对手回去后如何挡住组织内“观众”的诉求。

当然，搜集有利于我方的“权威话语”来说服谈判对手这个方法在少数情况下无法搞定谈判对手，可能是谈判对手不崇尚权威，或者你的谈判对手本身就是某个方面的权威，这时，要搞定对手就要采用其他的谈判标准，比如“对方的承诺”。

五、谈判对手的承诺——以彼之道还施彼身

社会心理学研究发现，人类心理有一个重要原则，即承诺和一致性原则。所谓“承诺和一致性原则”，就是指人人都有一种言行一致（同时也显得言行一致）的愿望。也就是说，当我们表达了某个立场或做出了某种选择，我们的内心就会迫使我们按照之前的立场或选择来行动。如果我们的承诺和行为不一致时，我们的内心就会处于被称作“认知失调”的冲突状态。

然后，我们就会努力地去解决这种冲突状态，以便缓解内心的“认知失调”。除了内在的要求，我们也要受到外在要求的约束，因为言行一致被视作最受尊重和最被信任的人类行为，个人出现言行不一的行为时，他将很难再被人群接纳。

因此，我们可以认为遵守承诺是一个被社会普遍认同的行为，也因此我们可以把谈判对手的承诺作为谈判标准来执行。换句话说，如

果要说服谈判对手，我们可以通过寻找谈判对手曾表达过的，对我方有利的观点，然后把它呈现给谈判对手，谈判对手出于言行一致的压力，会最终答应我方提出的谈判诉求。

这里有一个对方应用一致性承诺让我无计可施的例子。

我曾经从其他同事手里接过一个客户，这个客户和我们合作了一年多时间，但付款一直都不好，直到这个客户的名字出现在公司的长期欠款名单上时，我才有机会了解客户付款不好的原因。我和客户的财务经理Mike沟通付款问题时，Mike的反应比我还惊讶，他疑惑为什么我们会催促他付款。因为他说从他第一次给我们结款的时候就是延期了一个多月才给，而且这样的付款周期持续了一年都没有出现任何问题，所以当我告诉Mike如果再按照原来的付款周期付款，而不是按照合同约定的七天内付款，将会给他们公司断货时，他才会如此惊讶。Mike甚至生气地质问我为什么我们公司的要求变来变去，之前延期一个月没有问题，现在却来要求七天付款，他已经对所有供应商的付款计划进行了预算统筹，并且已经在年初时把预算统筹报给了总公司，现在他已经无法改变今年的付款计划了，所以，他要求仍然按照之前的付款周期来付款。

我听了他的表述后就明白了，所谓的客户付款不好完全是我们自己造成的。在客户和我们合作之初，付款周期还没有形成明确的“标准”，但在合作一年以后，由于我方财务并没有对客户延迟付款提出过任何一次质疑，所以，客户认为延期一个月付款就是付款周期的“标准”。现在，当我和客户对付款周期展开谈判，而客户用这个我方自己用实际行动设定的“谈判标准”来反击时，我确实没有还手之力，尽管合同中规定了七天的付款时间，但从法律实务角度来说，持续长达一年按照延期一个月执行的付款周期，已经从事实角度被认可。所以，最终我们并没有改变这个客户的付款周期，而这个结果证明了“一致性承诺”这种谈判标准的强大。

自此以后，我总结的“付款周期谈判”第一要务是，在客户第一次付款时就严格按照合同来执行，从第一次就执行有利于我方的付款标准。同时我发现，很多老辣的客户财务人员同样在应用这个手法，他们会在第一次付款时故意找各种理由来延迟，最终的效果是拖得越久越好，这样一来，在第二次付款时客户财务就会说，上次都延迟半个月了，这次就不要催我们了，久而久之，就让延迟付款形成了供求双方的实质“标准”，这时，供方再来改变付款周期就变得十分困难。所以，我们看到很多销售人员都感叹“货好卖，钱难要”，这里的根源就在于很多人没有意识到谈判双方之间的每一次互动都会给以后的互动奠定基础，形成“标准”，当你放松警惕时，对方已经让你入局。

所以，要重视和对方的每次互动，要有意识地形成有利于自己的某种谈判标准。比如，如果我们找不到谈判对手曾表达过的对我方有利的观点时怎么应用这个谈判标准呢？可以通过现场引导对方说出对我方有利的观点后马上利用，这个方法俗称“挖坑”。

保险公司在约访客户时常常使用这个方法，比如：

李四："张先生您好，耽误您五分钟的时间，我是天空保险的李四。"

张先生："我不需要保险。"

李四："张先生，我不推销保险，我只是想问您一个问题。"

张先生："什么问题？"

李四："想问您，您认为家人的健康是否重要？"

张先生："当然重要了。"

李四："有多重要？是否比金钱，比地位更重要？"

张先生："是啊！"

李四："那如果有一个机会让您家人的健康得到全面保障，您愿意了解一下吗？"

张先生："如果这个机会真的可以给我家人健康保障，我愿意了解。"

李四："好的，我们天空保险本周六有一个线下的大健康宣讲会，就是针对您这样十分看重家人健康的成功人士而量身打造的，邀请您来参加。"

张先生："我说过了，我不需要保险，我不想参加。"

李四："张先生，首先这个宣讲会不是保险销售会，其次，刚才您已经说过您认为家人健康最重要，您想了解如何保障家人健康，而我们天空保险的宣讲会就是告诉您如何保障家人健康的，这次的宣讲会就是这样一个机会。"

张先生："……好吧，你把开会的时间、地点发给我吧。"

李四："好的，我稍后就把时间地点发到您手机上，到达现场后请联系我，我们会赠送您一份精美的礼品，祝您及家人身体健康、工作顺利，再见。"

通过上面的案例，我们可以看到，保险员李四成功邀约了张先生来现场参会。如果李四在对话一开始就提出邀约的话，他有99%的可能性被拒绝，但他利用了"对方的承诺"这个谈判标准来搞定了张先生。

李四首先给张先生挖了一个坑——是否重视家人健康，几乎所有人都会说"重视"。然后李四又加重了一次张先生的"承诺"——是否比金钱、地位重要，同样几乎所有人都会说"是的"。这样，李四就要到了张先生的一个"承诺"——我最重视的是家人的健康。要到这个承诺后，李四提出了他的谈判诉求——邀约参会。张先生首先是拒绝的，他没有任何理由需要答应李四的谈判诉求。随后，李四抛出"张先生的承诺"——我最重视的是家人的健康，然后把参会和这个承诺挂钩，用言行一致的力量来压迫张先生，张先生为了保持自己的承诺和行为的一致性，最终同意了参会。

也许有读者会说张先生没有必要答应去参会，没有必要把参会和看重家人健康挂钩。是的，在这个案例中，还是会有很大的可能性张先生最终不会去参会，因为张先生是在电话中，面对的是一个陌生的保险业务员，他心里背负的违反一致性的压力并不大，我们通过案例要说明的是原理的应用。如果张先生面对的是大庭广众下和他身份对等的人要求他“言行一致”，那么，张先生会有极大可能性同意。

保持和承诺的一致性之所以有这么强大的力量，除了因为人的心理有保持前后一致性的需求以外，还因为人都是生活在社会群体当中，保持言行一致是社会群体的道德要求，如果有人不能保持言行一致，那么他将会受到整个社会群体的攻击。

此外，在使用这个标准的同时也要结合具体的谈判情境，通过其他方面的组合来加强“对方承诺”的力度，而另一方面，在谈判的过程中，要时刻留意谈判对手是否在给自己“挖坑”，如果对方有意引导你在很多人面前，或者是在更高权威的人面前给出承诺时，一定要十分小心，否则你会被“一致性原则”逼迫做出不得不做的让步。

谈判中大数据的运用

通过前面的介绍，相信大家对于谈判标准的分类及其在谈判中的作用有了一个整体的认识，也会明白掌握更多的谈判标准对于谈判的成功有非常重要的作用，所以，建立一个属于自己的谈判“大数据库”就显得格外重要。但是，建立谈判标准的大数据库不是一日之功，这需要进行持续的、大量的信息搜集工作，只有建立完备的谈判标准信息库，才能在使用时“手到擒来”。从实战角度，我建议大家从以下几个方面来不断完善自己的谈判标准的大数据库。

第一，整理成交案例

成交案例作为使用最频繁的谈判标准之一，是我们在日常工作中最应该收集整理，同时也是最容易收集整理到的谈判信息。

首先，要注意收集自己过往谈判的成交案例。如果你需要经常参与某个类型的谈判，比如如果你是销售人员、采购人员、薪酬专员、商业并购律师等需要经常进行专业商务谈判的人员，那对于自己曾经历过的谈判成交案例一定要形成资料库，要按照谈判对手的类别对成交的方案进行分类。这样便于日后回顾，特别是对于其中一些可以在未来谈判中充当谈判标准的案例要格外留意，比如具有权威效应的谈判对手，最优厚条件成交的谈判对手，最难缠条件成交的谈判对手，等等。

其次，要留心收集自己团队或者是同行的过往成交案例。不同于自己过往的成交案例收集的便利性，在收集本公司或同行的成交案例时，需要从你的同事或者了解谈判详情的人那里咨询最后的成交条件、方案执行的情况。这样做不仅能补充你的成交案例数据库，同时还能从实战角度为你提供更能落地的方案条款。有些谈判最后形成的方案只是表面漂亮，在实际落地执行过程中会产生很多衍生问题，进而使谈判双方陷入旷日持久的扯皮当中，所以，越早地了解到同类方案中的无效条款，越能帮助你避开未来的谈判执行僵局。

最后，通过持续地收集整理，你将会形成一个内容庞大的过往成交案例数据库，而在具体使用这些过往成交案例作为谈判标准时，你可以根据实际情况抽调出有利于我方谈判的部分，呈现给谈判对手。比如我前面介绍过的我曾经使用过的涨价条款案例，就是我们公司通过五年左右的时间搜集到几乎全行业的合同条款，这时我从中只调取出“调价公式”这一个条款来支撑我的谈判诉求，既有力，又不会泄露更多信息，让谈判对手很难有足够的理由来反驳我。

第二，搜集所在行业和区域的市场信息

如果说上面一条是针对经常进行某类谈判的工作人员给出的建议的话，那这条原则对所有谈判者都具有普遍价值，特别是对于一些马上要在自己不熟悉领域进行谈判的人来说，这一条尤为重要。

我由于经常出差，有时会在工作完成后到各个城市的大小景点参观浏览。我很喜欢收集一些具有当地特色的文化产品，比如一些雕塑、挂画等。但每次要进行交易的时候，我都十分苦恼，因为我明知道景点的东西一定是价格过高，却不知道这些文化产品在景点以外的报价，所以有时候哪怕我觉得杀价杀得已经很厉害了，但最后应该还是买贵了。

我知道如何谈判，但我没有任何关于当地文化用品市场的信息。这是一个我不熟悉的领域，在这个领域谈判，我就像没有武器的士兵一样，只能徒手和敌人硬拼，这样不吃亏的概率是很低的。想在自己不熟悉的领域谈判又不吃亏的唯一办法就是在谈判前尽量全面地搜集该行业和地区的市场信息，让自己尽快熟悉这个领域。淘宝和百度都支持照片搜索以后，我在买文化用品时，就从容得多了。我现在会先在淘宝上通过拍照来搜索我看中的一些特色产品，先查一查网上什么价格，品质如何，网友评价怎样，然后再决定是在当地买，还是在网上买。在当地买的话，我就知道应该给出什么样的还价，也知道如何查看产品的瑕疵。这样操作下来，我现在已经很少再有因为不懂这些产品而吃亏上当的经历。这就是市场信息对于谈判的重要性。

所以，如果你经常进行某类谈判，那么你要时刻留意行业内的信息动向，了解近期同类型谈判的成交情况，或者没有洽谈成功的原因，了解近期市场对于谈判的条款变动情况、价格预期情况，等等。

如果是不经常进行谈判的人员，面对一个自己不熟悉的领域进行谈判，比如你要进行第一次买房、第一次跳槽、第一次卖车等类似的谈判时，我的建议是，先不要开始谈判，先开始搜集市场信息。

第一次买房前，尽量在有买房意向时就开始留意网上的售房信息和售房价格，或者时常去房产中介向销售人员询问一下，或是和近期有买房经历的朋友交流一下，然后整理好你中意区域的房屋和价格清单，在决定买房时要不间断地搜集了解近期的成交信息，当你了解很多以后，你自己的心里就会对买房这件事具备一定的概念；

第一次跳槽前，在网上搜集下同等职位的信息，和家人、朋友以及同事了解一下他们是否清楚你所处地区和行业的职位信息；

第一次卖车前，在网上搜集相关信息，时常去二手车交易的场所看一看，了解其他人交易的情况，或者向中介机构询问一下，和家人、朋友交流一下。

不管你要进行哪种谈判，你都要养成谈判前先搜集信息的习惯，哪怕你已经非常熟悉你要谈判的领域，也不要掉以轻心，信息的重要性如何强调都不为过。

第三，总结有利于自己的法律法规和公序良俗

不管哪个领域，都会有相对应的法律法规和公序良俗，在进入这个领域以后，首先要把这些谈判标准搞清楚，同时也要搞清楚这些法律法规对应的使用场景。法律法规这种谈判标准是强制性最强的谈判标准，只要是符合法律法规使用场景内的谈判，没有人能不受到它的制约，所以，搞清楚这个谈判标准，在某些谈判场景下解决问题会非常有力度。

我的一个朋友，他曾经在超市中买到一个变质发臭的榴梿，但他是在回家打开后才发现的，他气愤地拿着榴梿到超市要求退款。本来这是一个十分常见的消费者投诉，超市本可以给我朋友退掉这个坏榴梿，前后不用五分钟就能解决的问题，却被那天当班的超市工作人员以负责退货退款的工作人员下班为由推脱掉。我朋友变得更加气愤，便告知工作人员，按照《中华人民共和国消费者权益保护法》第55条规定："经营者提供商品或者服务有欺诈行为的，应当按照消费者的要求增加赔偿其受到的损失，增加赔偿的金额为消费者购买商品的价款或者接受服务的费用的三倍；增加赔偿的金额不足500元的，为500元。"

现在超市出售已经过期的榴梿，属于欺诈行为，我朋友要求超市退还购买榴梿的款项，并给予三倍赔偿，由于金额不足500元，我朋友要求超市赔偿500元。超市工作人员从来没有遇到一个和她讲"消法"的顾客，她不知道如何应对，便找来了领导，领导的意思是只退还买榴梿的钱，但我朋友坚持按照"消法"处理，如果超市不同意，他会到工商局投诉，超市领导最后只好赔偿了我朋友500元。

这个案例当中，如果换作一个不了解"消法"的顾客，他和超市谈判退款时，能用到的"武器"不多，但案例中我朋友把《消费者权益保护法》摆到谈判对手面前时，对手毫无还手之力，为什么？因为法律的不可侵犯性和约束的普遍性。

我想问问看到这里的朋友们，想想你经常从事的领域有哪些法律法规可以约束，对这些法律法规你熟悉吗，你能知道什么时候应用哪个法条来保护自己吗？如果你的回答是否定的，我建议你快去熟悉一下这些内容，这些谈判标准会对你今后的工作生活帮助很大。我列出几个我们日常生活中最常用的法律法规，大家有选择性地去熟悉一下：

法规类别	应用场景
《消费者权益保护法》	消费谈判、投诉谈判
《劳动合同法》	入职谈判、薪酬谈判、离职谈判、工伤赔偿谈判
《合同法》	商品买卖谈判、服务买卖谈判、商务合作谈判
《婚姻法》	婚前协议谈判、离婚谈判
《道路交通安全法》	车辆事故赔偿谈判、碰瓷谈判
《继承法》	家族遗产分配谈判

上面这些是日常工作和生活中最常用的几个法律法规，大家不必逐字逐句去记忆，而是在进行相关领域谈判前要有去查看对应法规内容的习惯，去这些法规中搜集对我方谈判有利的内容，作为谈判标准来支撑我方的诉求。

总　结

谈判标准是能够被谈判双方都接受的客观准则，有效使用谈判标准可以加快谈判进程，并更容易让陌生的谈判对手接受我方的诉求；

谈判标准包含法律道德、行业组织规则、过往成交案例、权威话语和谈判对手的承诺；

谈判标准“数据库”的来源：

个人及所在组织的成交案例/所在区域和行业信息/相关法律法规和公序良俗。

第5章

高效谈判的策略艺术

策略影响谈判的输与赢

很多朋友在听说我教人谈判后，都会让我教他们两招可以很快学会的砍价技巧或其他什么“小妙招”。每次我都会告诉他们，学些技巧可能会好使，但没有什么永远管用的“小妙招”，谈判的结果最多的还是取决于双方的优势对比，在绝对优势面前，什么谈判策略都没有用。

《孙子兵法》有云：“故用兵之法，十则围之，五则攻之，倍则分之，敌则能战之，少则能逃之，不若则能避之。故小敌之坚，大敌之擒也。”白话文的意思是：

用兵的方法是这样，如果你的兵力是敌人的10倍，你就可以围歼敌人；

如果你的兵力是敌人的5倍，你就可以攻击敌人；

如果你的兵力是敌人的2倍，你就可以把敌人分开来击破；

如果敌人的兵力跟你的势均力敌，你就可以和敌人开战；

如果你的兵力太少，你就应该逃跑；

如果你的兵力不能抵抗敌人，你就应该躲起来，不让敌人看到你。

如果你的兵力相对敌人更弱小的情况时仍然死拼固守，那你就会成为强大一方敌人的俘虏。

古今第一兵书《孙子兵法》流传至今已经2000多年，被无数名将奉为圭臬，甚至连大洋彼岸的美国西点军校都把《孙子兵法》列为学生必读书目。但我们看上面孙子对于用兵方法的描述只有这短短的一段话，这段话的本质就是：

如果想打败敌人，你的兵力一定要比对方多，你的兵力越多，你越能赢。

这就是战争的本质，兵力决定一切。谈了这么多，我只是要告诉大家，在谈判这个领域，这个道理也适用，即优势决定一切，再具体一点，在谈判这个领域，彼此需求强度决定一切（关于“彼此需求强度”这个名词，我们在前面关于“优势”的章节中有过介绍）。

明白了这个道理，大家就会懂得谈判策略在谈判中起不到根本作用，这也就是为什么有些人从来没有学习过谈判，但他们谈判的效果非常好，甚至好过很多谈判高手。

我在介绍谈判策略之前给大家谈了这么多就是希望大家能正确看待谈判策略，同时把更多的精力放在提高自己的谈判优势上面，而千万不要把精力放在一些“阴谋诡计”上面 。当然，谈判策略对于谈判的结果影响也很大，我只是告诉大家知晓谈判策略不一定能赢，但学习谈判策略至少有一个好处，就是不一定会“输”。

我们在前面的谈判预算章节中曾介绍过，谈判预算包括货币预算、时间预算、心理预算和条件预算，根据每种谈判预算在实战中的长期使用特点，可以衍生出如下三个常见谈判策略。

基于时间预算的“拖延策略”。

基于条件预算的“捆绑策略”。

基于心理预算的“登门槛策略”。

一、拖延策略——耗光对方的时间预算

拖延策略是指通过拖延谈判进度来耗光谈判对手的时间预算，迫使谈判对手为了成交而同意我方谈判诉求的策略。因为大多数谈判都有自己的时间节点，英文称作 Deadline，所以，随着时间节点的临近，谈判者发现自己的时间预算已经所剩无几时，谈判者将不得不做出让步以促使谈判成交。

有研究表明，谈判协议的大多数内容都是在谈判还剩下20% 的时间时被确认的，而我们在实战谈判中的感受也是，在谈判的开始阶段，谈判双方都是在进行彼此试探和摸底，即使有一方提出了自己的谈判诉求，另一方也很少会在谈判的前80% 时间里同意或者给出让步，换句话说，谈判中80% 的让步都是在谈判最后的20% 时间内做出的，甚至很多谈判的成交是在谈判时间所剩无几时完成的。

拖延策略的核心是耗光对方的时间预算，因此，对于谈判双方来说，对自己时间预算的保密就变得十分重要。可以说，在谈判中 Deadline（谈判成交的截止日期）就是谈判者的生命线，这有点类似于电子游戏中游戏人物的“血槽”，进度条中一旦没有“血”，游戏人物也就随之 over。

因此，从我方角度来说，使用拖延策略的前提就是摸清谈判对手的 Deadline，然后通过各种拖延手段把谈判的进度拉长到接近对手的 Deadline。这时谈判对手将会因为时间预算即将使用殆尽而不得不做出让步和妥协。

在日常的实战谈判中，我们要对谈判对手的时间预算保持高度敏感，同时要对我方的时间预算保持高度机密，这点说起来容易，其实很容易被多数人忽略。

此外，在一些复杂的大型商务谈判中，谈判双方甚至会派出情报搜集人员通过去谈判对手入住酒店调查订房情况，去向谈判对手的后勤支持人员，比如司机、厨师等去了解谈判对手的后勤准备情况，然后通过这些情况来分析对手的时间预算。这当然有一些商战的味道，但这也体现出拖延策略在实战谈判中的有效性。

如何使用拖延策略呢？

我们在谈判中使用拖延策略时，有两个操作步骤：

第一步：要搞清楚对方的谈判预算到底有多少？对方的谈判 Deadline 是截止到什么时候？对于这个信息的获得可以通过直接法，也可以通过间接法。

直接法就是直接从和谈判对手的对话中来获得。

用直接提问的方法来获取信息的前提是要对你的提问进行设计，提问要合理，才能让对方没有防备，同时还能给出准确的答复。

比如，在商务谈判场合，谈判开始时有经验的谈判者会看似随意地和谈判对手聊一些题外话，问问今天过来的交通情况怎么样，打算住几天，回去的车票或机票有没有买，这些看似关心对手的谈话，或者看似和谈判没有关系的话题，其实是在从侧面来打探谈判对手此次的时间预算有多少。

又如，我在和客户的谈判中会直接询问对方的排产日期，然后告知对方因为我们的设备有固定的交货期，特别是其中几个进口的零部件交货期比较长，所以，我方要根据客户的排产日期来反推我方设备的各部件交货时间。这样一来，通过非常正当的理由就可以摸出对方的时间预算。

间接法我在上文中也提到过，比如通过调查谈判对手入住酒店的情况，调查对方后勤配备的情况来猜测。此外，还可以通过其他的外围调查手段从侧面来推断谈判对手的时间预算。比如我所从事的大型设备销售，可以从客户的项目审批公示来推测对方采购各阶段生产设备的时间点，也可以通过现场查看客户的土建进度来推测大致的设备采购时间点，或者可以通过询问施工方他们所签署的完工时间来推测，等等，方法不一而足。

在拿到对方谈判时间节点的信息后，**第二步要做的就是“拖延”**。

在大多数的谈判情境下，拖延的借口一定要合理，如果采用比较假的借口只能增加谈判双方的对抗程度，而不会对促进成交有好处。

我建议大家用谈判标准来拖延，比如告知对方：

我们正在走公司的内部流程，大约需要一周的时间；

我们公司要求低于红线的报价要经过总部授权，授权会在下周四召开。

或者采用对方无法验证的理由来拖延，比如告知对方：

我们负责审批的老总出国了，要下周才回来；

我们过来谈判的路上汽车爆胎了，换胎用了半个小时。

或者用假想上级来拖延，比如告知对方：

我要和我家人商量一下，我明天答复你；

我要向总经理特批这个价格，需要一些时间。

总之，我们有1000个等待交易的理由，但每个理由都应该站得住脚，因为只有看起来比较真才会让我们和谈判对手保持一个良性互动，可进可退；如果我们拖延的理由很假，那么谈判对手就会怀疑我们成交的诚意。

在使用拖延策略时要注意一点，即所谓的拖延是指拖延给出谈判对手答复，而不是拖延和谈判对手的交流，最成功的拖延策略是频繁地和谈判对手互动，但就是出于各种各样的原因无法给出答复，最终谈判对手等不及而主动让步来促进成交。

二、捆绑策略——用好条件搭配坏条件

捆绑策略，顾名思义就是把我方谈判诉求和谈判对手的谈判诉求捆绑起来，要么一起满足，要么一起否定。换句话说，就是用我方的一个条件交换对方的一个条件。有的谈判书籍又把捆绑策略称作交换策略或搭配策略，本质都一样，总之，明白如何操作这个策略就可以。比如谈判对手要求我们降价10%，我方说可以，但要对手预付全款，我们把降价10%和预付全款这两个条件给绑起来一块儿谈，让对手满

足自己诉求的同时也要满足我方的诉求。

不过，有一点需要特别注意，当我们使用捆绑策略时，尽量去用我们的低价值条件来绑定对方的高价值条件，这样就能在满足对方的谈判诉求时，把我们自己的收益最大化。

在谈判前要梳理出我方尽可能多的条件预算，然后逐个对这些条件预算计算成本，并做出一个成本排序，这样我们就会在谈判前非常清楚自己有哪些低价值条件，有哪些高价值条件，当然，这里的价值是指对我方的价值，然后在谈判过程中根据这些条件对应的成本来选择和对方的哪些条件进行捆绑。

捆绑策略在实战应用中既可以整体绑，也可以单独绑。

如我们前面所说，一个头脑正常、双商在线的人都知道“有舍有得”这个基本道理，所以，在对具体事项进行沟通谈判时，把对方的诉求和我们的诉求捆绑起来就是单独捆绑要完成的工作。

对于捆绑策略的应用，日本人做得最彻底，日本人在谈判时已经做到了把单独捆绑策略当成口头语。这个既有日本民族性的原因（日本文化非常排斥当面拒绝别人，认为这很失礼），也有日本人狡猾的原因。

如果你在谈判中询问日本人：“贵公司能否在月底前交货？”

日本人一定会说：“可以交货，不过您要多付50万的运输费，因为我们要把海运改为空运。”

你提出的条件一定会被他捆绑上一个他的条件，这就是典型的单独捆绑。

我们在前面的谈判预算章节介绍过，条件预算是我们在谈判前应该梳理的预算内容之一，而它就是要在使用单独捆绑策略时派上用场。

比如两个部门负责人在讨论人员配置问题，甲部长对乙部长说："你如果同意让某某到我的项目部来任职，那我们上次讨论的那笔费用就从我们的成本中心里面出，怎么样？"

甲部长知道乙部长很希望那笔费用有人能帮他解决，因为乙部门今年的预算已经用光了，所以甲部长把这个条件和自己要人的诉求绑起来，增加自己要人成功的概率。

对于一个成熟的谈判者来说，不仅要能在对方提出谈判诉求时捆绑一个自己的诉求，更要能在提出自己的谈判诉求时，附带满足对方一个条件，这才是谈判的游戏规则。一味地要求别人满足自己，而自己从来不主动付出的人，无论是在谈判桌上，还是职场中，都不会走得顺利。

我在前面曾特别强调，谈判的目标不是赢，而是解决问题，真正的双赢是你通过谈判解决了自己问题的同时，也使得对方解决了他的问题。我建议大家在谈判中，能时常切换到对方视角来考虑问题，只有这样，才能找出可以被用来捆绑进我方谈判诉求的条件预算。具体说，雪中送的"炭"是好条件，锦上添的"花"不是好条件，不过如果你从没有切换到对方视角的话，你会感受不到“雪”，当然就更不会想到“炭”。

此外，在使用捆绑策略时还有一点需要注意，就是我们捆绑的这个条件要切合实际。如果我们在谈判中处于弱势地位，那我们索要的条件就不能让谈判对手为难；如果我们在谈判中处于强势地位，那我们索要的条件就不能太“便宜”了谈判对手，总之，要和我们的实力相匹配。

1990年，伊拉克悍然入侵科威特，举世震惊，美国自诩“国际警察”，积极介入并调停斡旋。美国提出和伊拉克通过谈判的方式来达到退兵科威特的目的，伊拉克表示同意，但要捆绑一个条件——在谈判时，一并解决以色列侵占巴勒斯坦领土的问题。伊拉克认为美国支持以色列入侵巴勒斯坦是“州官放火”，而伊拉克“效仿”以色列入侵科威特是“百姓点灯”，所以，如果要让自己退兵，那就得绑着以色列也同样撤军。但伊拉克错估了形势，以美国当今世界最强的军事实力，怎么会被伊拉克摆布，美国断然拒绝了伊拉克的要求，明确告知谈判只说从科威特撤军的事，其他一概不谈。这就是一个因为捆绑了和自己实力不相符的条件而失败的捆绑策略案例。

如果说单独捆绑是日常沟通说服时的标准打法，那么，整体捆绑就是合同谈判时的规定动作。

整体绑是指谈判双方洽谈事项较多时，可以以整体捆绑打包的方式来和对方进行交易，这个方法特别适合商务合同谈判。

一般来说，商务合同的条款至少要写满一页纸，这一页纸里的条款假如有八项，那么谈判双方PK后发现，对方同意了一、三、五、七，没有同意二、四、六、八，这个时候我们就要用整体捆绑的方式来操作。

我方这时提出，“我们可以在合同中删掉第二项，但这么做的前提是你方同意四、六、八三项”，而对方也可能会说，“不行，你们至少要删掉第二项和第四项，我们才能同意第六项和第八项”。

在实战中，这个具体删除一项还是两项没有关系，我们要做的是采用整体捆绑的方式让对方知道我们不会再纠缠某一个条款，而是要把所有条款看作一个整体。这样做的好处是避免了在每一个条款上都进行让步，同时把所有条款捆绑在一起做最后的筹码交换后，就可以把谈判收尾，双方签字盖章。

此外，在实战中我们还常常通过在合同中故意设置“无用项”来作为整体捆绑时准备让步出去的筹码。比如在上述情况中，我们的第二、四、六、八项条款中，第二、四、六项都是我们预置的无用项，就是说这些条款对我们是没有用处的，可以随时删除掉，但通过删除这些条款却能换回其他条款被对方接受，这是合同谈判中最常见的“浑水摸鱼”。我们真正不能让步的是第八项条款，而我们把第二项、第四项、第六项条款作为掩护墙来掩护第八项条款，用这三个条款把谈判的水搅浑，我们在和对方的谈判中对这三个条款据理力争。在双方都有所疲惫时，我们用无可奈何的态度表示：“算了，只要你同意保留第八项条款，我们就把这三项条款删除。”此时，谈判对手看到我们终于满足了他的要求，当然会同意保留第八款，这样，我们摸到了鱼。

所以，在起草合同时千万不要只编制那些有用条款，也要编制一些无用条款，无用即是大用。我的一个学员曾宏曾在他的实战谈判中使用了这个方法。

曾宏是河北一家玻璃制品企业的销售总监，他们公司最大的客户是河北一家知名白酒企业，曾宏公司为这家白酒企业供应各个系列白酒的玻璃酒瓶，双方合作已经有几年的时间。合作期间，曾宏公司一直没有给客户调价，一是因为原材料价格没有较大的波动，二是为了留住这个大客户，毕竟河北当地的玻璃制品厂数量众多，很多竞争对手都想争取到这个大客户。

但到了2018年年底，曾宏公司发现上游的原材料价格因为这两年的环保风暴影响而大幅上升，他们如果要持续盈利，就不得不给下游的客户调高价格。但由于担心调高价格后，这家知名白酒厂会终止合作，曾宏公司内部进行了激烈的讨论，最终曾宏提出通过设置无用条款来和对方洽谈的方法。

在面对这家知名白酒企业时，曾宏提出了他们公司的诉求：

第一，从2019年开始，每瓶成品酒瓶价格调高0.1元，原因是上游原材料价格的调高；

第二，从2019年开始，供需双方的付款方式改为发货前预付30%，其余货款仍然保持月度结算，原因是上游原材料价格上涨后会占用更多流动资金，在国家银根紧缩的宏观环境下，供需双方要抱团取暖。

看过前面介绍的朋友们大概能猜得出，这两条诉求中，第二条诉求是曾宏设置的一个无用条款，曾宏的目的是通过放弃这一条款来换取对方同意第一个涨价条款。曾宏对第二个条款的设置经过了精心策划，因为对于酒厂来说，酒瓶的价格上涨可以通过终端成品酒的价格上涨来消化，但对于付款方式的改变，却会大量占用酒厂的流动资金，两者权衡，酒厂一定会选择接受第一个条款。

最后的结果是，双方经过几次沟通，最终达成了在2019年只调整单瓶成品价格，不改变付款方式的补充协议。

我们前面介绍过，在商务谈判场合，整体绑的谈判手段可以被称作合同谈判的标准打法，因为商务合同的洽谈会包含非常多的条款，诸如价格、质量、交货周期、保修期限、付款方式、技术指导、环保认证等，在如此多的条款当中，对供需双方有实质影响的条款只有一两个，因此，通过整体绑的方式恰好能实现放弃无用条款来保住有用条款的目的。

想想看：

你是否经历过被“浑水摸鱼”的谈判？你是否在捆绑条件时真的选择了对方非常看重的条件？

试试看：

在下次谈判前按价值成本对自己的条件预算进行排序。

尽量用你的低价值条件去捆绑对方的高价值条件。

从对方的视角来找到对他们真正有用的条件。

在你下次的合同谈判中创造几个可以被牺牲掉的“无用”条款。

三、登门槛策略——不断拉高对方的心理预算

登门槛策略是日常生活中和实战谈判中非常常见的策略，“登门槛”这个名字本身就表达了一部分这一策略的内容，实际上，登门槛这个名字的由来和《伊索寓言》中的一则故事有关。

一个风雨交加的夜晚，乞丐来到富人家的大门前，富人家的仆人以为他要讨饭便斥责乞丐走开，乞丐说：“我只想借您这里的门廊来避一避风雨。”仆人看他不讨饭便同意了。后来，仆人听到了敲门声，乞丐在门外请求道：“我可以借用炉火烤烤我的湿衣服吗？”仆人想他反正也不讨饭，便答应他到炉边烤火。烤火时，乞丐说：“可以借我一口锅烧点热水吗？我要煮石头汤。”仆人觉得石头还能烧汤，很好奇，而且石头又不花钱，便同意乞丐用锅烧水。乞丐便出门捡了几块石头回来扔进了锅里，然后和仆人说，总要放点盐吧？仆人同意了放盐，乞

丐又说，总要放点豌豆吧？仆人又同意了放豌豆，最后乞丐又要来了锅台边做饭时掉落的香菜和碎肉末。煮好后，乞丐把石头从锅里面捞了出来，然后美美地享用了一锅肉末汤。

我们看到，乞丐享用的这碗肉末汤是从站在富人家的门槛前开始的，从站门槛到进屋子，最后到喝汤，可以说乞丐的要求越来越高，却每次都能实现。大家想想，如果乞丐在最初刚见到仆人时就请求进屋并喝一碗肉末汤，仆人会同意吗？答案显然是不会，但乞丐却通过分步请求的方法让自己喝到了肉末汤。

这种从小的要求出发，逐步提高自己的要求，直到达成自己的最终目标的策略被称为“登门槛”策略，又被称作“蚕食策略”。

心理学家认为，登门槛策略能有效的原因在于，当个体先接受了一个小的要求后，为保持形象的一致，他可能接受一项重大、更不合意的要求。其实，从谈判预算角度来说，当谈判对手同意了一个小的要求以后，他从时间预算和心理预算上都已经对你有了付出，换句话说，他在你身上付出了时间成本，他就更倾向于继续付出成本，正如心理学家所说，这是为了维持他之前付出成本的正确性。

登门槛策略在谈判中非常实用，这个策略在实战中的使用方法有三个，分别是：

第一，从小事开始谈判；

第二，对复杂目标要分步实现；

第三，谈判达成后再额外要一点。

1. 撩妹的第一步是搭讪——谈判先从小事开始

登门槛这个名称也表明了这个策略的使用要从小事开始，就像要进入对方房间的第一步是先站在对方的门槛上。

从小事开始谈起更容易让谈判双方达成共识，因为小事对于谈判双方来说都是可有可无的事情，无论是哪一方在这件小事上有损失，都对整体大局没有影响。但对于小事的意见一致会奠定谈判双方良好的合作开端，这种良好的开局对于最终谈判交易的达成有非常重要的影响。因为双方都会认为对方能够和自己合作，哪怕随着谈判的不断深入，谈判双方在一些焦点问题上有争执。但回望一下，谈判双方之前已经达成了很多的一致，所以在最后的焦点问题争执上双方都会倾向于各自做出一些让步，而促使谈判成功。因为哪一方都不愿意放弃自己之前辛辛苦苦谈下来的成果，这就是利用了谈判双方的心理预算不断被拉高的结果。

这里需要注意的一点是，如果我方希望在谈判伊始洽谈的小事能够和对方达成一致的话，最好是用那些让对方没有什么负担的小事来谈，即不用对方付出太多成本就能达成的小事，这样谈双方达成一致的概率会非常高。比如登门槛的故事里，乞丐先从“在门廊避雨”这个小事谈起，答应乞丐在门廊避雨不会给仆人增加任何负担，仆人很难会拒绝。这样，乞丐就让仆人“上钩”了，他已经成功地让仆人在他的谈判中投入了时间和精力，并做出了自己的第一个承诺，这就打开了仆人的心门。

在实战商务谈判中，双方开始洽谈的“小事”是要经过设计的，比如一般来说，价格的事都是大事，要放在最后面谈，千万不要上来就谈价格，否则很容易谈崩，哪怕没有谈崩，也会损失过大。最开始谈的事都是双方认为可进可退的事宜，至于具体是什么，则要结合谈判双方所处的行业或所谈内容涉及领域来定义。总之，采用先谈小事的方法可以让谈判快速进入状态，有利于谈判双方最终能够达成一致。

2. 蚕食最后变鲸吞——复杂事情分步做

美国一档宠物综艺节目《狗语者》曾有一期就是讲述“狗语者”塞萨尔如何训练一只怕水的狗变成一只擅长游泳的狗。

这只怕水的拉布拉多犬名叫“茉莉”。茉莉在很小的时候曾在冬天掉进了主人院子里的游泳池中，被捞出来时浑身湿透，瑟瑟发抖，从此以后，茉莉就和水绝缘。在茉莉长大以后，它仍然怕水，无论主人怎么威逼利诱，它都不会进到水里面，可是主人非常喜欢游泳，所以主人找到了“狗语者”塞萨尔，希望塞萨尔能帮助他的茉莉不再怕水，而且能和主人一起游泳。

塞萨尔的方法是，他没有强迫茉莉进到水里，而是从解除茉莉对水的恐惧开始他的调教。

首先，塞萨尔把茉莉的食盆放到了泳池旁边，让茉莉在进食时就能看到泳池；

其次，塞萨尔让茉莉在地面有水迹的地方玩耍；

再次，塞萨尔在迷你充气泳池中装了水线到茉莉脚踝的水，让茉莉和其他小狗一起玩耍；

最后，塞萨尔慢慢向充气泳池里面添水，让茉莉一点点适应水位的上升，就在茉莉感觉到水太多之前，塞萨尔把茉莉抱走，让它保持在“一点点水”里玩耍的放松心情。

反复几次以后，茉莉逐渐适应在充气泳池中玩耍，这时塞萨尔才开始抱着茉莉在真正的泳池里来试一试。

最终，塞萨尔靠着耐心和分步引导，让一只开始到泳池旁边都害怕的狗最后自在地在泳池中玩耍。

虽然塞萨尔引导的是小狗，但这个方法在人类身上完全适用。有一些谈判书籍又把登门槛策略称作“蚕食策略”。蚕食这个叫法确实非常形象，因为蚕是一种非常小的动物，它和桑叶比起来都显得很小，但蚕就是每次一小口，用时间和耐心，一点一点地把整片桑叶都吃光。对于谈判来说，如果我们要实现的谈判目标比较复杂，或者难度很大，我们就要采取蚕食的办法，一次实现一个小目标，给足时间和耐心，慢慢地实现最后的整体目标。

我和一个谈判风格非常强硬的客户在调价谈判时采用了登门槛策略。

此客户和我们合作时间较长，所以我们对这个客户的风格比较了解。这是一家灯芯企业，产品全部出口欧洲，因为价格有竞争力，他们的灯芯可以占据欧洲1/3的市场份额，所以此客户对于成本控制非常严格。我负责过的类似风格的企业还有富士康，这类企业不要说给他们调高价格，就是保持住原有价格都不容易，因为他们的采购每年都会要求供应商降价，而我就是在这个背景下完成了对此客户的涨价谈判。

我知道要完成对此客户的涨价非常困难，所以我计划通过三次沟通来完成谈判。

我和客户负责采购的洪总的三次沟通情况如下：

第一次沟通是面谈——吹风。我拜访洪总时表示很长时间没有会面，今天恰好在附近拜访客户，所以顺道过来看看，了解一下近期对我公司产品的使用情况，是否有什么小问题需要我反馈给公司来改善。洪总表示近期合作比较顺畅，没有什么问题，同时询问我公司最近如何。我聊了聊公司近况，然后话锋一转，告知近期市场上同类产品的价格都在上涨，并询问洪总是否清楚，洪总表示不清楚。然后，我向洪总用猜测的语气表示说，这次的行业动态不知道会持续多久，如果一直这么涨，我估计我们公司也不会坐视不理，应该也会涨价。这时，洪总马上表示，如果我们涨价他们绝不会答应，我也马上表示请洪总放心，他是我们的大客户，如果涨价，肯定是冲着那些小客户，肯定不会找他。

第二次沟通是面谈——试探。我和洪总表示公司果然开始涨价了，而且确实是给那些小客户涨价，这时洪总马上告知我他们公司不会同意涨价的，我表示没有说给洪总涨价，洪总笑着说他不管是不是要给他涨，他都是给我打一剂预防针。我心里想，洪总是老江湖，他八成已经猜出我是什么意思，但我也有准备。我告知洪总，洪总是我的客户，哪怕公司要求给洪总涨价了，我也会自己灵活处置，我会先去给别人涨价，完成公司目标后，公司自然不会再要求给洪总涨价，毕竟洪总是我的大客户，洪总听后表示感谢。

第三次沟通是电话——求助。我打电话给洪总，一开口我就表示让洪总帮忙，我说我遇到了难题，不知道怎么处理，想听听洪总的建议，洪总自然问我什么事情。我告知公司这次涨价是对所有客户全覆盖，因为我们全行业都涨价了，而且这次公司成立了价格委员会来监督执行这次涨价，如果销售人员无法完成对某个客户的涨价，就会更换销售人员，让有能力的去执行涨价。我说我在公司内部的会议中提出不能给洪总涨价，列举了很多理由，但公司最后还是问我能不能涨，我没有办法，想问问洪总怎么办。我说我不在乎被换掉，但是洪总会始终面对一个人不停地去和他涨价。洪总在电话中有些气愤，谴责我们公司怎么能给他涨价。我用询问的语气和洪总表示，如果洪总信得过我的话，我就再帮洪总争取一下，少涨一些，但这样可以阻止其他销售人员过去给洪总涨价。毕竟大家认识这么久，换了其他人负责洪总的业务，他还需要时间去适应。最后，洪总虽然气愤，还是同意了。

后面和洪总见面后，双方敲定了具体的涨价幅度和补充协议内容。

这个案例我当时操作时也没有十足的把握最后能搞定洪总，毕竟之前和他打交道时，他态度一直非常强势，我当时的目标是哪怕这次不能给洪总涨价，也要让他被我“熬一熬”，然后下一次全面涨价时我就有十足的把握能让他同意，不过，没有等到下一次，我这次就拿下了洪总。

为了这次给他涨价我准备充分。我计划的每次沟通中间都至少间隔一个星期，给足了洪总消化的时间，让洪总在潜意识里已经接受了被涨价的事实，因为不管他是否愿意，他已经听我说了很多次“涨价”，关于涨价的事情，我们已经谈过几次，尽管他可能不认为我是在专门谈这个话题，但其实我只是没有开诚布公地告诉他在谈“涨价”而已。当然，整个过程中我不只用了登门槛策略，还用了市场标准和黑白脸策略，用了一套组合拳才达成了我的谈判目标。不过，我要强调的是总体的谈判策略还是登门槛策略，而且要设计步骤，保持耐心。

3. 终场回马枪——谈判成交后的额外要求

我有个邻居叫阿良，他买东西有个习惯，就是买完之后都让商家再“饶”（饶，这个词在北方有“附加”或者“白送”的意思）他一点什么什么东西，比如他去买菜，最后一定会让人家再饶他一根葱。有一次我们打麻将他没有带零钱，我陪他到楼下的超市换零钱，他换完钱后居然和超市阿姨说：“我都换了这么多钱了，你再饶我点什么吧！”超市阿姨当时就火了：“你什么都没买，还能好意思白要东西？”我在旁边听他们的对话时笑得肚皮都疼。

像阿良这种在成交后又额外提出要求的方式经常被一些谈判高手

采用，这种谈判套路是登门槛策略的一个演化方式，它同样利用的是谈判对手因为已经投入了非常高的谈判心理预算后为了不让谈判破裂而会做出让步的心理。这个套路被台湾“和风谈判学院”创始人、著名谈判导师刘必荣称为“终场回马枪”。[①]

“终场回马枪”常常在谈判中奏效，不仅是因为前面介绍的心理预算被拉高，还因为终场回马枪的使用时机是在谈判成交后，这个时机很重要。为什么人在成交后反而能不计回报地做出额外让步呢？因为人在成功的时候最脆弱。在谈判成交的一刻，谈判双方都会放下心理防线，特别是谈判经验不足的一方，他们会感觉大功告成，此时另一方如果趁机提出一些很小的诉求，基本都会被满足。

比如有人卖自己的旧车，挂牌了三个星期后才来了一个买家，双方你来我往地谈判后，最终以10万块成交，这个价格略高于卖家的谈判中线目标，比较理想，卖家很高兴，交易达成后如释重负。可就在要提车离开时，买家突然说：“大哥，这车没油了，我怎么开回去呢？您好人做到底，给加点油呗？”卖家之前根本没做这个500块的油费预算，可买家用了这招终场回马枪后，卖家也只好说：“算了，就给你加满吧！”

我们看，这就是典型的终场回马枪。这里的重点有两个，一个是你回头刺的这一枪是一个比较小的诉求，这个要把握好，诉求太大就会容易让谈判重新回到起点。另一个是提出诉求的时机，要在刚好和对方达成交易时，趁着对方沉浸在成交的成就感中时提出，俗话说“趁

① 刘必荣，《谈判随身手册》，广东经济出版社，2014

热打铁”。心理学家发现谈判者如果在谈判中达成自己的预设目标后会很兴奋，谈判者兴奋的时间点被称为谈判的“高潮点”，这个时候采用终场回马枪刺一下，十有八九会得手。千万不能等气氛凉下来以后再提，如果过了高潮点再刺这一枪，对方就会认为这是关于另一个议题的谈判，你就没法让这个诉求“糅进”前面的谈判中，最后导致这个小要求被拒绝。以上两点请大家在使用时多加注意。

基于谈判优势的策略

我们在前面的谈判优势章节中曾介绍过，谈判优势包括利益优势、供求优势和情绪优势，根据每种谈判优势在实战中的长期使用特点，可以衍生出如下三个常见谈判策略：

适用于强势一方的“最后通牒策略”。

适用于强弱势五五开的“黑白脸策略”。

适用于弱势一方的“找朋友策略”。

一、最后通牒策略——处于绝对优势时就要说一不二

最后通牒最初是一个外交词语，用来指进行外交交涉的两个国家中，一国对另一国提出的最后条件，如果收到最后通牒的国家不能在限定的时间内同意这个最后条件，发出最后通牒的国家将向其实施某种强制手段，比如断绝外交关系、经济封锁或使用武力。

现在的最后通牒已经被广泛借用到商务谈判领域，其含义和外交领域的含义没有太多区别，指的是一个人对另一个人，或者一个团队对另一个团队发出的最后成交邀约。

最后通牒策略一般都是谈判中强势一方面对弱势一方时采用的谈判策略。很多人会觉得，这种策略没什么可说的，手握权势的人当然会对弱势群体颐指气使，而不用顾及弱势群体的感受。但实际上，在实战谈判中，只有高手才能很快识别出自己是否占优势，占多大的优势。而当你发现自己处于强势地位时，如果对面的弱势一方虽然筹码不多，但他们可能是战术大师，这样一来，他们会通过各种谈判策略来为自己扩大优势，当谈判中强势一方没有多少谈判经验时，就会很容易被弱势一方的战术大师给“咬下一口”，所以，最后通牒策略在实战应用时，并不像理解它的字面意思那样容易。

具体讲，最后通牒策略的作用有以下两点：

第一点，最大化利用优势

对于谈判中处于更多优势的一方来说，他们达成谈判目标，并获得谈判成功的概率非常大，所以，他们对于是否最大化地利用了自己的优势会有所忽视。我们在谈判目标章节曾介绍过，谈判的目标有上线、中线和下线。一般来说，我们会把上线当作期望价，中线当作心理价，下线当作红线价，也就是说我们认为的真正的谈判目标是中线，即心理价。

对于谈判中的强势一方，当他们在谈判中达成心理价后，他们会很满意自己完成了谈判目标，但他们却错失了去达成期望价的机会。虽然在绝大多数情况下，期望价只是一个“谈判起跑线”，谈判双方会从这个价位开始向下来讨价还价，但也有一些时候，谈判中的强势一方存在实现期望价的机会，而达成这一点的前提是你要去尝试。

所以，我非常提倡那些在谈判中优势巨大的一方，可以采用最后通牒的方式去试探一下对方能否同意你的期望价，哪怕以给对方做出一些小的让步作为交换，但只要能达成期望价，就是最大化地利用了你的优势，这就像考试得了60分，一分都没有浪费。

第二点，避免被拉高预算

对于每一次谈判来说，随着谈判的进行，谈判双方一定会进行彼此拉锯，特别是谈判中处于弱势的一方谈判经验非常丰富时，他们会非常懂得扬长避短，他们在谈判伊始会装作气势很足的样子。这样一来，强势一方一时搞不清状况时，就会和弱势一方有模有样地谈起来，然后，强势一方就不断在谈判中加大投入，当强势一方发现他们可以达成谈判目标时，他们的时间预算和心理预算已经被拉高，这时如果终止谈判，强势一方都会有所不舍。最终，弱势一方必然会从谈判中拿走一些收益，而这些收益本来都属于强势一方，哪怕弱势一方没有分走收益，但和他们谈判至少占用了时间，这对于强势一方本来是没有必要的。

但如果强势一方尽早地发出最后通牒，他们的谈判预算不但不会被拉高，还能避开一些没有“资格”成为谈判对手的人。

最后通牒策略在使用时有两种方法：一种是直接法，另一种是间接法。

直接法：指通过书面通知或口头通知的方式，告知谈判对手你的最终谈判诉求，以及不满足谈判诉求以后的后果，这种方式和外交场合的最后通牒策略用法类似，都是比较直接、比较强硬的方式。这个方法一般用在谈判双方已经经过反复协商后还是没有达成一致，谈判中的强势一方不愿再纠缠下去时。

李·艾柯卡曾是美国商业界第一偶像，他曾分别执掌福特汽车和克莱斯勒公司多年，但他刚接手克莱斯勒时面对的却是一个千疮百孔的烂摊子。艾柯卡第一步做的就是管理层降薪，他要求所有的管理层职员降薪70%，而自己也不例外，艾柯卡的这一举动赢得了管理层的支持。第二步，艾柯卡决定给普通工人降薪，他告知工会负责人要把工人时薪从20美元降到17美元。

工会讨论后不认可艾柯卡的降薪要求，而艾柯卡则承诺，等到公司情况好转，他一定会给工人们加薪，但工会仍然不同意。双方僵持不下，就此工会和艾柯卡进行了长达一年的马拉松谈判。在此期间，艾柯卡费尽口舌，还是没有办法说服工人们，而艾柯卡最终决定不再让这种局面进行下去。

就在一个冬天的晚上10点多，他找到工会负责人，严肃地说："明天早上我希望你们能够做出最后的决定，如果你们不帮公司这个忙，我明天上午就会宣布公司破产，我给你们8个小时的时间考虑。"

工人们听到艾柯卡的最后通牒后，都慌了手脚，他们想到如果公司破产，他们将会连17美元的薪水都拿不到，虽然降薪会让他们生活困难，但至少还有一份薪水可领。考虑到这些，工会最终同意了艾柯卡的降薪要求。

艾柯卡用直接的最后通牒结束了谈判，达成了自己的谈判目标，虽然他并不是真的想宣布公司破产，但如果他和工会的谈判一直持续下去，他有可能不得不宣布公司破产，所以他快刀斩乱麻地发出了这个最后通牒。

一般来说，使用直接法发出最后通牒的情境多是和上面艾柯卡面临的情况类似，都是谈判双方有过一段时间的拉锯和消耗，这时占据优势的一方会主动站出来结束谈判。我建议大家在实战谈判中，如果发现自己占据优势，应该尽早发出最后通牒，原因是我前面介绍过的两点，即可以在谈判最初就利用优势最大化自己的利益，同时防止谈判对手通过拉高预算的方式让我方自行让步。

同时，尽早地发出最后通牒也是一种“清理”谈判对手的方式。请大家记住，不是谁都可以成为我们的谈判对手，我们一定要注意保护和控制自己的时间预算和心理预算，不能随便地让谈判对手用登门槛策略损害自己的利益。

间接法：指不用明白无误的指令，直接告知对方不同意谈判诉求的后果，而是通过间接的方式告知，让谈判对手自己明白这是最后的成交机会。间接法的最后通牒虽然有些“绕弯子”，但在实际应用时的效果有时会比直接法来得更好。

采用间接法来发布最后通牒的情境和采用直接法的情境有些不同，简单地说，就是用间接法的目的是希望和当下的谈判对手成交，而直接法的目的是加快成交速度，至于是不是和当下这个谈判对手成交并不重要。

我有一个做二手房交易的朋友，她的业绩非常好，她有一套自己“逼单”的方法，逼单是让客户成交的意思。她首先会带客户看一到两套不太符合客户需求的房子，在客户看过并表示不太理想的时候，我的朋友会露出一个比较惋惜的表情说：“我手上还真有一套特别符合你们要求的房子，但这套房子已经被我老板看上了，他特别喜欢，让我给他留着，唉，要不然就带你们去看了。”

那些看房的客户十有八九会要求带他们看看去，我朋友只好“勉为其难”地带他们去看房。这时他们去看的房子才是我朋友想让客户买的房子，而这套房子也确实很不错，有70%左右的客户看过后会对这套房子比较满意。他们会尝试着询问我朋友能否有机会买下这套房子，我朋友自然会表示很为难，再次强调房子虽然没有过户，但老板真的告诉她要留下，然后我朋友就会说和她老板打个电话问一下。结果当然可想而知，房子卖给了那些有意向的客户。

我朋友用间接法来发出最后通牒，她直接告知客户这套房子已经有买家了，所以，如果你现在不成交，以后就没有机会，这样一来，她不仅能向客户逼单，还能为最后的议价托底，保证了议价阶段不用让步太多，可谓一石二鸟。

间接法的使用在实战中比较普遍，除了用“有买家”这个方法，很多时候可以用“时间到了”的方法。比如我们在买家具时总会听到销售员说下周二我们的促销活动结束，到时就没有这么优惠的力度了，等等。其他还有我们要下班了，我们要盘点了，我们下周就去总部开会了，我们下周就执行新的价格政策了等方式，间接地告诉对方，这是我的最后通牒了。

使用最后通牒策略时，有两点原则需要注意：一是不说硬话，二是不做软事。

不说硬话：最后通牒在商务使用和外交使用上虽然区别不大，但还是略有不同，二者的最大不同在于，商务最后通牒的表现形式“有硬有软”，而外交最后通牒都很强硬。具体讲，外交上的最后通牒本质上是强势一方给弱势一方的“开战通知函”，有时甚至就是一种开战借口。但在商务上，最后通牒策略在应用时，强势一方有时会非常强硬地告知弱势一方，要么成交、要么离开，有时也会委婉地告知弱势一方，如果不满足某些条件，谈判将被终止。

最后通牒策略“有软有硬”的原因在于商务谈判中，谈判双方的优劣势对比会由于某种原因发生变化，甚至逆转。谈判强势一方如果采用强硬的最后通牒而迫使弱势一方成交，会使得弱势一方感觉到很屈辱。社会心理学发现，当人受到明显的威胁和强迫时，第一反应就是“反抗”，当反抗不成而就范时，则会产生屈辱情绪。那么日后谈判双方优势逆转后，弱势一方必然会为了摆脱屈辱而向强势一方“复仇”，从而让强势一方付出更大的代价。俗语讲“三分生意七分谈，人无笑脸休开店”，在生意场上，没有永远的赢家，不管是店大欺客里的“店”，还是客大欺店里的“客”，都不能持久盈利，而懂得尊重对手，在拥有巨大优势时也给对手留有余地，才是长久的盈利之道。

在商务谈判领域，如果你优势巨大，想要采用最后通牒策略来加速谈判进程时，我建议，采用“不说硬话”的方法来操作，具体方式有两种：

第一种，书面不说硬话。

如果是通过书面方式来向对方传达最后通牒，那么最后通牒的内容可以强硬，但在措辞上宜采用更软性的表达。

比如说，“这是我们公司的底线价格，再低的话我们就会亏损，尽管我们希望能够和贵公司继续合作，但成本的压力让我们不得不终止和贵公司的合作……”，这种比较软性的措辞会缓冲强硬内容给谈判对手带来的心理冲击，而不是采用“如果……那么……”这样的句式，比如“如果你们不同意这个价格，我们将会终止合作”，这种句式会让对方在心理上受到强烈冲击，从而激起对方的逆反心理。我在前面讲过，哪怕这时你手握优势，也要为了长远打算，当对方对你产生逆反心理，从而不信任，最后的结果不一定会让你满意。

第二种，口头不说硬话。

这是一种通过口头来传达最后通牒的方式，这种通过口头来传达的方式比上一种通过书面来传达的方式更为缓和。我建议如果不是谈判双方矛盾巨大，尽量选择这种口头通知的方式来传达最后通牒。因为你是强势一方，当你采用最后通牒时，谈判对手往往会感受到非常大的压力，很多时候，当你面对面通知对方时，对方也就会屈服，这时可以趁热打铁，马上落实方案细节。如果是通过书面通知的方式，对方在接到通知后，如果要屈服，也要通过书面通知的方式来回复，这一来一回间有时就会耽误事情的发展。

我们东亚文化圈因为长期受到儒家文化中等级观念的影响，人与人之间在处理人际关系时往往有一种倾向，就是对话的双方总要分出谁是“站着”，谁是“跪着”。这种倾向对商业谈判的影响就是手握巨大优势的一方往往以一种高高在上的态度来俯视谈判对手，在给出最后通牒时更是一副主宰谈判对手生死的感觉。我在多年的实战谈判中，遇到过很多这样的谈判对手。

但我要建议大家，哪怕我们在和对方的谈判中优势巨大，或者双方产生了冲突，矛盾很大，都要用发展的眼光来看待双方的关系，没有人能保证未来双方一定不会再一起合作，所谓“凡事留一线，日后好相见”。

不做软事：最后通牒策略能否奏效的前提在于，谈判对手是否相信你表达出来的“威胁”。谈判过程就是双方猜测对方心理的过程，有的时候，虽然我们占据优势，但我们心里也选择了对手作为我们的成交对象，我们使用最后通牒策略的目的不是希望谈判破裂，而是希望对方因为畏惧我们终止谈判的“威胁”而给出更大的让步，以便我们能收益更多。所以，这个时候，让对方相信你所谓的“不同意这个价格就终止谈判”是我们在说这句话前必须完成的工作。

让“威胁”奏效的方法就是“Standby 行为”。也就是说，当强势一方向弱势一方发出最后通牒后，就要做出一些为了兑现离开谈判桌的诺言而需要提前准备好的事情，来支撑自己威胁的真实性，我们把这些事情称作“Standby 行为”。

比如我们经常会看到顾客在买衣服时告知店家自己的心理价位，如果店家不答应，顾客就会向门外走去，“向外走”这个行为就是顾客为了兑现自己最后报价承诺而做出的行动；

比如在劳资谈判中，员工告知老板“不涨工资就走人”时，同时给老板看自己收到的其他公司的 Offer 的行为就是表示员工已经做好离职的 Standby 了，这个行为能很好地支撑自己最后通牒的可信性。

最后通牒策略是一把“双刃剑”，如果运用得当，会最大化地利用自己的优势，但如果运用不当，则会大大削弱自己的优势。而运用最不当的表现就是在发出最后通牒以后没有做出 Standby 行为。比如有的人买衣服，嘴上说“200元不卖就不买了”，但脚下站得死死的，而且说“不买了”的时候，语气很软，没有力度，一点都没有“不买”的意思。遇到这种情况，资深卖家就知道这个买衣服的小女孩被自己吃定了，她绝不会不买，她只是在象征性地砍价。所以，卖家反而会斩钉截铁地说“200元我就亏钱了，不可能卖”，说完以后，卖家就不再理会小姑娘而去招呼其他的顾客。卖家做出了自己的 Standby 行为，这个时候，买衣服的小姑娘就被自己的最后通牒给伤到了，她因为没有 Standby 行为做支撑，反而暴露了自己的底牌，让谈判对手给吃定了，最后只能以200元成交。

所以，当你决定用最后通牒策略时，就要“不做软事”，硬气地让对方感受到你已经做好准备离开谈判桌。

想想看：

你是否有过手握优势但没有采用最后通牒策略，最后被别人拉高了预算，最终损失了收益或时间的经历？

试试看：

使用最后通牒策略时配上Standby行为来强化策略的效果。

有恰当的理由时，尽量采用间接法的最后通牒策略，避免对方产生敌意。

二、黑白脸策略——和对方实力五五开时的标准打法

黑白脸策略有时也被称为“黑脸红脸策略”，叫法不同，但本质相同。这种谈判策略起源于“好警察坏警察”的审讯套路。

这种审讯套路的具体方法是，在审讯嫌疑人时，首先登场的是“坏警察”，他们往往态度粗暴，长相凶恶，采用的审讯方法基本就是威逼恐吓。就在嫌犯心理处于高度紧张的时候，这个“坏警察”因为有电话找他而暂时离开了嫌犯。这时第二个审问的警察走了进来，这个警察态度和蔼、面目慈祥，他坐下来温和地跟嫌犯聊天，并递给嫌犯一支烟，这个“好警察”告诉嫌犯他犯的事没有那么严重，他希望能帮助嫌犯做一些什么事，这个时候嫌犯彻底放松了神经，并开始合作。

由于“好警察坏警察”套路对于审讯犯人十分有效，所以很多人开始在谈判中采用这个方法。黑白脸策略在谈判中的使用方法是：我方团队中一个人扮演黑脸（坏警察的角色），负责在谈判中说“不”和制造困难，我方团队中另一个人扮演白脸（好警察的角色），负责在谈判中说“是”，并缓和气氛，通过两个人的配合来使得谈判对手同意谈判诉求。

一般来说，黑白脸策略中都是先由扮演黑脸的一方出场，在和谈判对手洽谈时表现强硬且不会轻易让步，然后白脸出场，把谈判气氛缓和一下，同时表态可以有所让步，但需要对手也同样给予让步，以此来让谈判达成一致。

心理学家认为黑白脸策略有效性的来源在于一种被称作“恐惧后安心”的反应，由于从一种情绪转移到另一种情绪的过程过于极端，

因此令人无所适从，进而会短暂失去批判性思维能力，在这种情况下，人会更容易答应对方的要求。

此外，我更倾向于从 NLP（神经语言程序）角度来解释黑白脸策略的有效性，因为这是一种改变对方心理预期的心锚效应。

由于黑脸的强势表现，使得人在和黑脸对话时，普遍会因为对方的压迫性而心理紧张，转而面对白脸时，人们会因为白脸的温和而情绪放松，同时普遍地会对白脸产生好感。一般来说，人都会对给予自己好感的人回馈以好感，当黑脸在前，白脸在后出现时，人们会格外感到白脸的和蔼可亲，这是因为黑脸的存在把人的心理情绪锚点改变了。

可以各司其职，也可以分饰两角——黑白脸策略的使用方法。

具体来说，黑白脸策略有两种不同的使用方法，一种是黑脸和白脸各司其职，另一种是黑白脸由一人分饰两角。

第一种，黑脸和白脸各司其职

这是团队谈判中常见的黑白脸使用方法，我建议大家今后凡是谈判组成人员超过两人时，一定要在谈判团队内部做好分工，即要有人扮演黑脸，有人扮演白脸。然后在具体谈判时，扮演黑脸的人要少说话，说话时就要挑刺，扮演白脸的人要更多地担负起和谈判对手沟通的任务，交谈的语气更和缓。同时，扮演黑脸的人要有和黑脸相对应的身份来支撑黑脸的真实性，比如一般的团队谈判中都是由法务人员或财务人员扮演黑脸，因为在大多数公司当中，合同谈判最难过的就是法务关和财务关。

我建议大家在团队谈判中尽量配备一个法务人员，因为法务人员天生就是当黑脸的好材料。我经历了太多次和法务人员的 PK，我深知凡不是他们自己起草的商务合同，法务人员都会对其中的条款进行否定和修改，这基本已经成为大公司之间谈判中一个可以预见的常识，而且，法务人员的专业建议还会得到公司高层的授权。因此，法务人员说“不”的时候，谈判对手会真的相信某个条款过不了法务这关就会前功尽弃。所以，让法务人员当黑脸再合适不过。

此外，还有一些公司使用财务人员扮演黑脸，也有一定道理。因为凡是公司都要盈利，但一个公司当下到底是不是在盈利，账上还有多少流动资金，只有财务人员才知晓得非常清晰，这一点连董事长、总经理都要承认。所以，财务人员扮演黑脸常常是在价格谈判时出现，他们会以影响公司盈利指标为理由否定谈判对手的某些条款设置，比如账期的设置、备货安全库存的设置等，总之，财务人员说“不”时也同样有权威性和可信性，因此，让财务人员扮演黑脸也是比较合适的一种谈判团队人员配置安排。

当然，让法务人员和财务人员扮演黑脸也不是绝对的，只是说这种情况比较多，因为这两个职位的人是被条款或数字束缚住的人，所以他们说的“不”有真实性，可以让谈判对手相信。在谈判中，谈判对手相信的就是真的，这点非常重要。所以，如果大家今后需要让其他职位的人扮演黑脸时，一定要让黑脸说出的“不”有真实理由支撑。比如由生产副总说“不”，或者由采购副总说“不”，他们一定要说出和自己专业领域相关的支撑理由，而决不能为了说“不”而说“不”，因为这样会破坏和谈判对手的关系，让谈判对手怀疑合作的诚意，双方接下来的谈判就很难进入实质阶段，而又回到彼此试探的阶段。如此一来，不仅浪费我方时间和精力，更损害了我方能最大化收益的谈判目标。

那么，如果不是商务谈判，只是自己个人的生活谈判，此时既没有法务人员，也没有财务人员来帮我们说“不”，怎么办呢？

这种情况在生活谈判中常见到，比如房产买卖谈判、劳资纠纷谈判、创业股权谈判等等。在这些情境下的谈判中，可以让一个看起来脾气不好的人扮演黑脸。我前面说过，让谈判对手相信非常重要，如果找一个看起来十分面善的人扮演黑脸，谈判对手基本不太会相信。所以，一般来说，建议首先找一个“面恶”的人来扮演黑脸，然后，在开始谈判时，黑脸仍然负责说“不”和挑刺。比如买房时，黑脸就负责指出房子不尽如人意的地方，诸如楼层太高、采光不好、上班太远等等。因为黑脸“面恶”，脾气不好，所以他们表达时的压迫感比较强，这就达到了黑白脸策略的目的，黑白脸策略不是要“谈崩”，而是要谈得更好。此时，白脸再和对方用缓和的语气来具体交涉买卖的细节内容。

如果最后连“面恶”的人也找不到的话，那就用一个最简单的黑脸扮演法——沉默。比如两个人去买房，扮演白脸的人比较热情地和卖家交流，而扮演黑脸的人一直保持沉默，时而摇头，时而表情严肃，这就给人一种“不满意”的感觉，并创造了一个气场，在这个气场内，不能说话，必须用沉默来给对方压迫感，用这种方法来弥补黑脸气势不足的弱点。

第二种，黑脸白脸由一人分饰两角

这种由一个人来同时扮演黑脸和白脸的方法常见于独自谈判，因为没有一个团队作为支持，所以只能一人分饰两角。这里指的分饰不是说一个人同时扮演黑脸和白脸，而是只当白脸，但还要把黑脸的话说出来。

这个意思就是说扮演黑脸的人没有来到谈判现场，但他对于谈判给出了自己的意见，这个意见由来到现场的谈判者负责传达，不过，这个意见基本上都是强硬的，带有压迫性的，然后，现场的谈判者扮演白脸，在传达了黑脸的意见后，白脸就会开始用缓和的语气和真诚的态度来和对手交流。

比如，谈判者小周在和客户熊总进行价格谈判时的情境："熊总，您好！今天能见到您很不容易，本来我都认为今天我不会过来和您交流了。昨天我公司总经理给我打电话把我骂了一顿，他问我怎么可以给熊总您这个价格，这个价格是去年的报价，今年各种原材料已经涨价，我们再按照这个价格走货的话会损失很大，而且其他区域如果在系统里看到还能用去年的价格走货的话，一定也会这么干，那时公司损失可就大了。所以，我们总经理告诉我，这个价格肯定不行，哪怕不签单。我当时接完电话心里就凉了，我认为熊总这单生意估计是丢了。后来，我想了想，今天还是过来和您聊聊，毕竟价格是死的，人是活的，咱们看看有没有什么办法让我们都能接受。"

小周的这番表达三分之二都是在传达他们总经理（黑脸）的否定意见，他们总经理的表达只有一个，就是对他们之前的价格说"不"。这是典型的先给出黑脸，但这里的黑脸并不在谈判现场，而是通过小周来传达，从小周的表述可以明显看出小周是在扮演白脸，他在把趋于紧张的气氛往回拉。这就是典型的一人分饰两角的黑白脸策略。

除了比较正规的、严肃的商务谈判场合以外，大多数情况下，一人分饰两角的黑白脸策略的应用更为普遍。这种谈判因为人数很少，比如一方只有一人，另一方人数也会比较少，所以谈话显得比较私密，气氛也比较融洽，加之扮演白脸的人如果态度更真诚一些，那么谈判的结果一定比较良好。我建议大家对这种方法要多多练习，我个人非常推崇这个方法，并且在使用时也比较熟练。

大家通过这个案例可以看到，我之所以把黑白脸策略奉为实战谈判第一策略就在于，这个策略有软有硬，即这个策略既包含了“最后通牒”的强硬，也包含了“示弱”的柔软，黑脸的存在使得客户知道他们不是高高在上的“大爷”，没人动得了他们，同时白脸又把面子给足，让客户具体办事人的虚荣心得到满足，事情就在这一张一弛间得到完美解决，最后，客户还要感谢我对于他们的帮助。

一人分饰两角的用法有一个战术缺陷，就是如果谈判对手认识没在场的黑脸，甚至之前与其有过谈判经历的话，谈判对手很可能会提出要直接和黑脸来洽谈。因为在这种一人分饰两角的黑白脸策略中，扮演黑脸的一定是上级，或者有某种权限的人，那如果谈判对手以“最后的让步都要和领导谈”这种要求来见黑脸的话，这个策略就会失效。因为黑白脸策略中主谈的是白脸，不是黑脸，如果以黑脸作为主谈者的话，那要么是谈崩，要么是黑脸自动变成白脸。不过黑脸变白脸的话，就会导致之前的“戏”都白演，最终给出更大的让步。

要解决这个战术缺陷，只有一个方法，就是尽量保证黑脸在暗处，白脸在明处，即黑脸存在，但谈判对手“只闻其声不见其人”，而本该由黑脸说的话，改成由白脸“传达”给谈判对手，这时，哪怕再狠的话，谈判对手看不到人，也只能自言自语地反驳，此时白脸再恰到好处地从中协调，就会使谈判对手感到被理解、被尊重，从而和谈判对手达成合作。我曾采用这种“看不见的黑脸”来帮助自己完成过很多次和客户的调价谈判，可以说屡试不爽。

在和客户谈判的开始，我会开门见山地告诉客户我们此次洽谈的主题就是“涨价”，而我给出的涨价理由如下：

“我们公司为了扭转利润下滑而成立了一个由各事业部VP组成的‘价格委员会’，这个委员会发起了这次的调价行为。进行调价的客户名单是由委员会集体讨论决定的，这些客户的价格都低于市场价，都是低利润客户。为了维持公司的正常运转和长远发展，必须对这些客户进行调价，如果有客户不接受调价，委员会有权终止和他们的合作。”

这个“价格委员会”就是此次调价谈判中，我给出的“黑脸”，而相对应的“白脸”就是我自己，但在和客户谈判的过程中，黑脸都不会出现，黑脸所有的“强硬态度”都由我这个白脸来传达。实际上，这个黑脸根本就不存在，我们公司也从来没有什么“价格委员会”，而那份涨价名单也不存在，我们此次的调价行动是针对所有客户进行的。

大家可以感受一下我前面的话，作为一个不了解内情的人，你大概会相信“价格委员会”存在的事实，然后我会告诉客户：

“李总，我们的价格委员会这次态度很强硬，因为他们由多个事业部的VP组成，所以他们不会迁就某一个事业部的客户，他们这次就是一视同仁，要把低利润客户砍掉。但是，我作为您这边的对接人员一定希望还能和贵公司继续合作，这毕竟是我个人的业绩嘛。所以，我一定会在公司内部会议上提出和贵公司合作的各种益处，这是我的工作，我一定会做好。不过，为了让我的工作有力度，我建议您这边还是支持我一下，调高一些价格，这样我在和价格委员会PK时才更有底气，您看怎么样？”

基本上大多数客户听到这么说的时候，都会和我讨论具体调高多少钱，当话题到这里时，我的黑白脸策略已经奏效，我调价的目的已经达到，至于到底调多高，就在于这个客户原来的价格和市场价差距有多大。如果这个客户的价格本来就高于市场价，我只会象征性地调一点，以免他因为调得太高而在市场上询价，反倒让我被动；如果客户的价格低于市场价，我就会大胆地调价。具体调价的数字不是重点，重点是告诉大家如何操作黑白脸策略。

大家看，本案例中就体现出“黑脸在暗白脸在明”这个方法最重要的一点，即一定要创造一个谁都见不到的或者说根本没办法去面对面接触的黑脸。前文中小周和熊总的案例中，扮演黑脸的是小周公司的总经理，这是一个有名有姓，可以见到的人，这样的人就有可能和对手谈判。那在现在这个案例中，价格委员会是一个无名无姓，见不到的人，没有人可以和价格委员会去谈判。

所以，在谈判中让对方知道你只是代表组织的时候，对方是没有办法真正打疼你的，因为对方见不到组织这个黑脸。在应用“黑脸在暗白脸在明”这个黑白脸策略的高级用法时，如果是针对一些态度一贯强硬的客户，我就会在调价时把黑脸的话说得更狠一些，这样哪怕客户非常生气，他们也找不到可以 **PK** 的对手。因为我不是价格委员会的成员，我只是代表组织来告诉你。大家可以想想，如果我不虚构出一个谁都找不到的价格委员会，而是直接告诉客户老总说，我们公司美方总经理拟定了一份调价清单，认为这些客户价格太低，利润太低要砍掉时，客户老总很可能会说：“那让你们公司老总过来，我和他谈，我要问问他我们公司价格到底低在哪里？我当初和你们签合同时，他怎么不说价格低呢？”

这一下就让事情走到了无法控制的局面，不管美国人来不来，你都没法让客户同意你最初设定的调价金额了，因为你不是决策人，对方老总认为和你谈没有必要，而美国人绝不会为了某一个客户来坐下来具体谈价格。所以，如果黑脸看得见摸得着，你就会有这样的风险，如果你不担心这种风险，你大可以让某个具体人扮演黑脸，继续操作黑白脸策略，但如果你为了和对方始终保持一种和谐的关系，你就可以用“虚构黑脸”来操作，这样就从基础上规避了“撕破脸”的风险。

此外，另一种让黑脸在暗的方法是，把某项对己方有利的标准当作黑脸，比如公司的回款政策、政府对企业的要求等等。我们在前面的章节曾介绍过几种“谈判标准”的作用，其中“法律法规”这种谈判标准的制约力度非常强大，所以当你采用这类的标准作为黑脸来使用的时候，甚至比前面那些看不见的黑脸或者虚构的黑脸更有力度，因为没有人可以抗拒这一类的标准。

总之，在谈判中告知谈判对手你的权限受限制，你只是代表组织时，你反倒获得了谈判的灵活性，因为你大可以把狠话、不负责的话都推到组织身上，而你时刻和谈判对手保持和谐的关系，和谈判对手一起痛斥组织，但最后，谈判对手还是要做出让步，因为他真的找不到组织和他谈。

想想看：

你是否有过被别人的黑脸给震慑到的情形？你是否看出这是对方的策略？

你是否遇到过被对方“打个巴掌给个甜枣”的情形？

试试看：

把最后通牒策略和黑白脸策略结合起来使用，让黑脸去说狠话。让自己在谈判中一直扮演白脸，来为谈判保持一种灵活度。形成黑白脸的谈判习惯，先“恐吓”再“安抚”。

三、找朋友策略——明显处于弱势时就要寻求帮助

一般来说，当我们在谈判中处于弱势地位时，我通常建议的做法是不要开启谈判，而是先去“苦练内功”，把自己的优势积累起来再去和对方PK，这样的胜算会比较高。正如《孙子兵法》所说：“庙算胜者，得算多也，庙算不胜者，得算少也。”但如果是强势一方开启谈判，很明显地要来占弱势一方的便宜，如何应对呢？这个时候由于我们的自我谈判优势不足，所以，我们能采取的策略就是“找朋友”，即通过结盟的方式来抗衡强势一方的进攻。

1. 我不是一个人在战斗——人多才能势众

找朋友策略，顾名思义就是通过寻找和我方有共同利益的合作伙伴来加强我方的谈判优势，进而在和强势对手谈判时，让对手不是面对我们自己，而是要去面对一个共同利益群体。这个时候，我方的弱势会因为群体的参与而被弥补。

我们经常会听到这类新闻报道，西方某国家因为工会组织出租车工人罢工而导致交通瘫痪，工会组织维修工人罢工而导致飞机因无法维修只能停飞，等等。在这样的事件中，工会就是作为一个代表众多工人利益的组织出面和雇主谈判，进而为全体工人争取利益。我们试想，如果是某一个工人自己和强大的雇主方谈判时，雇主方根本不会在乎一个工人的力量，但是所有工人集合起来组成了工会，那么雇主就一定不能忽视这个力量。

电影《永不妥协》再现了环保斗士艾琳·布罗克维奇凭借“找朋友”的策略，赤手空拳打赢美国历史上赔偿金额最大的民事诉讼案件的全过程。1993年，美国加州欣克利地区出现了众多罹患癌症的病人，艾琳经过调查发现，该地区的巨无霸能源企业——太平洋天然气和电气公司用来冷却天然气压缩机的冷却水中含有大量的六价铬，而含有六价铬的冷却水由于没有妥善处理，不断渗入到地下，进而污染了附近居民的地下饮用水源，最终造成了附近居民大面积罹患癌症。

艾琳和老律师艾德最初和太平洋公司进行赔偿谈判时，太平洋公司根本瞧不起他们，后来艾琳决定发动所有欣克利的居民进行联合诉讼，最终她组成了一个600人的原告团体，打赢了这场震惊全美的官司，最终获得3.3亿美元的天价赔偿。

虽然这个案例中的结果是谈判双方对簿公堂，似乎不是靠着谈判来达成目标，但这个案件的成功之处正是在于600人的原告联合起来。试想，如果只有一个人去和这个巨无霸的太平洋公司打官司，那他是无论如何也耗不过大公司法务部门的。而600人的联合原告，不仅让太平洋公司感到了压力，也同样吸引了众多局外人的关注。比如媒体、美国政府环保部门、民间的环保组织等，有越来越多的人参与到帮助欣克利居民当中，这些都是大家联合起来的结果。

所以，当在谈判中面对强势对手时，我们可以去找一找是否有和我们相同处境的人存在，我们用“找朋友”的策略把有共同利益的人团结起来，共同去抗衡强势一方的进攻。我经常听到一些学员抱怨面对强势买家时，自己作为供应商没有议价能力，这时我就会建议他们不要把眼光只放在对方身上，可以去和其他的供应商交流一下，看看他们是不是也因为没有议价权而苦恼。如果大家都有这样的苦恼，那么完全可以组成一个供应商联盟，下次议价时以联盟的形式去和对方谈判，这个时候，再强势的买家也不能在短期内更换掉这么多供应商，所以，最后的结果一定是联盟议价成功。

2. 引入第三方——把双边谈判变成多边谈判

现代社会人与人之间，企业与企业之间，国与国之间的合作都比以往更频繁和紧密，只要你去找，就一定能找到你或者谈判对手和第三方的利益交集，因此，利用这个利益交集就能把谈判“复杂化”。因此，当我们找不到共同利益者一起组成团队时，我们可以转而找和谈判对手有利益交集的第三方出面，让第三方参与到我们的谈判中，把只有我们和谈判对手参与的双边谈判变为有我们、谈判对手，以及第三方参与的多边谈判，这时我们才有可能达成我方的谈判目标。

我有一个做广告销售工作的朋友 Jason，由于广告销售竞争激烈，电话邀约经常被拒绝，所以，Jason 在如何完成销售业绩上十分苦恼。

有一次，Jason在一家酒店见客户，和客户开过会后他路过一个开着门的会议室，这时会议室中正在培训《企业领导力管理》，Jason发现没有人阻拦，他便进入会议室一起听课，听后觉得大有收获。Jason想起了他刚才和客户会面时，客户在和别人的对话中提到过关于“领导力”的事情，他觉得他可以把这个课程当作自己的资源来为自己开拓客户服务。于是，Jason便和课程讲师交流能否到Jason所在公司讲授，经过一番协调，最终，讲师答应过去讲课。回到公司后，Jason便以免费听课的名义，邀约之前积累的优质客户来公司，最终有20多名企业家来现场听课。由于课程十分精彩，这些企业家对Jason的公司有了很大的好感，随后的发展便顺理成章。随着深入交流，这些企业家陆续都购买了Jason的广告业务。

从这个案例中，我们可以看到，当你自己无法具备打动对方的条件时，你就要借用第三方的条件，而借用的方式，也是通过你和第三方进行谈判，当然，有时甚至是第四方、第五方介入，但总体的思路都是相同的。

这样做，让对方为你说话

在前面有关谈判标准的章节中，我们完整地介绍了谈判标准对于谈判的重要性，以及五种常见的谈判标准各自的内容和使用方法，本章节将介绍可以充分利用谈判标准的谈判策略。

前文我们介绍过，谈判标准是一个非常重要的谈判要素，它的重要性体现在如果我方选用的谈判标准合理恰当，我们就像给谈判对手安了一个笼子，谈判对手如何挣扎都不能逃脱，最后只能同意我方的谈判诉求。我们把这种利用谈判标准限制谈判对手的策略称作安笼子策略。

我们通过下面的案例来看看销售员小美是怎么只用谈判标准就把客户李天然给关在了“成交”的笼子里。

李天然是一个普通的上班族，他的孩子在秋天就要上小学，家里需要再添置一辆汽车来接送孩子。由于新能源汽车不受每天汽车尾号限行政策的限制，所以，李天然决定购买一辆新能源汽车，他最后选中了北汽集团的一款小车。他之前已经和几家4S店的销售人员咨询过车辆的价格和购买手续等，最后，他在电话中和东城的一家4S店的销售员基本确定了购买意向。这个销售员小美和李天然约好周末来店里付款，签购车的合同。下面就是他们两个人见面后关于汽车价格的谈判过程。

李天然："小美，最后的价格是多少，还能优惠吗？"

小美："李哥，价格就是我电话里告诉您说的57800元，还有保险5000元，过户费1000元。"

李天然："过户费能免吗？"

小美："这个不能免，因为国家对于新能源补贴政策（谈判标准：国家法规）在上个月底发生了变更，您选的这款车从这个月开始补贴额度降低了，为了保证消费者不受损失，我们公司就在上个月底把这款车的库存车都上好了牌照，保证能享受到原来的补贴。所以，您现在购买这款车，就需要从我们公司的名下过户到您名下，这个过程需要1000元的过户费，这是国家对二手车交易的规定（谈判标准：国家法规）。"

李天然："好吧。那保险怎么这么贵，我能不在你们公司上保险，自己选择保险公司吗？那样肯定比5000元便宜。"

小美："李哥，这个也不行，而且不是我们店不行，是所有4S店都不行。我也不瞒您，我们在新车价格上已经全部让利给客户了，这个保险在我们店里上，是我们唯一的盈利点。整个汽车销售行业都这样（谈判标准：行业规则），要不我们不就喝西北风了吗？您也就第一年保险费在我们这里买，以后就可以自己随意更换保险公司了。"

李天然："你看看，你这也不能降，那也不能便宜，那我还能在你们店买吗？"

小美："李哥，能让的我都让给您了，这您也知道，现在这个价格是全市最低价了，我可以给您看我们的销售发票，您看看其他客户都是多少钱买走的。"（谈判标准：过往案例）

李天然："我考虑一下……"

小美："李哥，咱们昨天不是在电话里谈好价了吗，您当时都同意这个价格了呀！"（谈判标准：对方承诺）

李天然："我是答应了，但谁不想再便宜一点啊！"

小美："李哥，我昨天可是跟我们大区经理特批了您的这个价格呀，我们大区经理自己买也就这个价格了（谈判标准：权威人物）。再说了，一看您就是有一定身份的人，于情于理，您都不会难为我一个小姑娘的对吧？"（谈判标准：社会道德）

李天然："小美啊，你可真是个销售的人才啊。好吧，带我去刷卡吧！"

上面的案例完全取自真实的销售场景，大家可以看到，在整个谈判过程中，销售员小美一直在使用谈判标准这一个谈判武器，其他的谈判策略几乎没有涉及。所以，从实战的角度，我可以告诉大家，谈判标准是实战谈判中使用频率最高的武器，没有之一。小到一次菜市场的讨价还价，大到一场国与国之间的领土争端，谈判双方都会罗列出有利于自己的谈判标准。这个时候，掌握更多谈判标准的一方往往会占据优势，换句话说，掌握更多谈判标准的一方更容易通过安笼子策略来达成自己的谈判诉求。

不过，安笼子策略的有效性建立在我们所选取的谈判标准的准确性上面，所以，使用安笼子策略的前提是找到可以限制谈判对手的谈判标准。在上面的案例中，我们回顾了谈判标准的五个方面，分别为法律道德、行业组织规则、过往成交案例、权威话语和谈判对手的承诺。因此，大家在安笼子时就要从这五个方面来找笼子。

其中，在实战谈判中利用最多的谈判标准就是“行业规则”。有句老话讲，“同行是冤家”，因为同行首先是彼此竞争的关系，一个人吃饱，另一个人可能就会饿肚子，所以同行彼此有矛盾。另一方面，同行更知道彼此的底细，为了打击对手，同行有时会互相揭老底。

但作为谈判对手，我们就是要利用“同行是冤家”的理念来在谈判中给自己搜集更多的行业信息给对手安笼子。

日本三菱重工在某一年预计招标冷轧钢板200万吨，中国台湾JD机械在前期和三菱重工初步洽谈后得到三菱的认可，双方约定在三菱总部东京进行最终的价格谈判。会面开始后，双方进行了常规的礼节性问候，之后，三菱重工的采购分店长询问JD机械的销售总监对于此次200万吨冷轧钢板的报价是多少。

JD机械的销售总监答复：“每吨590美元。”

三菱的分店长听后没有表态，而是询问坐在他旁边的采购课长是否准备好，课长答复已经准备好。随后，分店长和JD机械的谈判团队说，三菱经过对钢铁市场的调查认为每吨590美元的价格偏高，三菱会提出自己认为合理的价格。

分店长示意课长可以开始，课长便站起来给JD机械的谈判团队出示了三张纸，同时课长简要地向JD机械阐述了三张纸上面给出的调查数据：

三菱认为JD机械的每吨冷轧钢板成本为562美元。

JD机械的主要成本构成为铁矿石成本、稀有金属成本、冶炼成本、物流成本、人工成本和管理成本。

铁矿石采购自美国西海岸的夏威夷，因为中国台湾没有铁矿石资源，成本为A；

稀有金属铬铁采购自加拿大的魁北克，为增加钢板的韧性，添加量比普通钢材稍高，成本为B；

冶炼采用德国蒂森克虏伯的炉体，折旧费用均摊到每吨钢板上的成本为C；

物流费用为加总铁矿石的海运成本，铬铁的海运成本，钢板从JD机械厂区公路交通运输至台湾高雄港的成本，高雄港海运到东京港的成本，共计成本为D。

另外还有人工成本E，管理成本F，从台湾进出口的报关清关费用成本G，一共7项成本数据，最终总计成本为每吨562美元。

JD机械的谈判团队看到三张纸上详细列明的各个分项成本，他们都目瞪口呆。面对这样的情况，JD机械为了合作成功，只能按照三菱重工给出的价格。要知道，三菱重工的采购课长为了搜集这三张纸的信息在台湾待了半年，其间充分调查了台湾的钢铁市场和 JD 机械本身的情况，其中很大一部分信息源于 JD 机械的同行们而不是 JD 机械内部。JD 机械员工如果透露这些关键信息的话会因为同业禁止的原则被起诉。

除此以外，三菱重工还利用了第三方市场调查公司的力量来帮助他们搜集钢铁市场和 JD 机械的信息，最终，三菱重工给 JD 机械安了一个大笼子，让 JD 机械在谈判桌上动弹不得，只能听他们摆布。

因此，通过这个案例，大家可以看到，谈判说好谈也好谈，只要把方向找对，功夫做足，信息搜集到位以后，谈判对手基本就在你的掌握之中。在实际的谈判应用中，对于行业规则和市场信息这一部分的谈判标准要搜集其三方面的信息：

一是我方调研得出的谈判对手成本结构；

二是对方报给我们的成本结构，这一部分不仅要总数，还要有分项报价；

三是市场上同行的成本结构或称市场平均价。

有了这三方面的行业信息，我们就可以在谈判中获得十分有利的位置。还是那句话，市场信息就像一个宝库，只要用心，我们一定会从中得到自己想要找的信息，但这个过程有时长有时短。所以，我还是建议大家耐心地把日常工作的重点放在丰富我们的谈判标准大数据上面，当数据足够多的时候，我们就会让谈判对手的一切行为都变得透明，我们只用安笼子这一个策略就可以打遍天下无敌手。

总　　结

基于谈判预算的策略包括：

拖延策略，用拖延来拉高对方的时间预算；

捆绑策略，用对方的诉求捆绑我方的诉求，可以整体绑，可以单独绑；

登门槛策略，从小事开始谈判，对复杂目标要分步实现，在谈判达成之后额外要一点。

基于谈判优势的策略：

最后通牒策略，分为直接法和间接法，使用时要不说硬话，不做软事；

黑白脸策略，可以各司其职，也可以一人分饰两角，但要尽量保证黑脸在暗；

找朋友策略，人多才能势众，通过引入第三方，把双边谈判变成多边谈判。

基于谈判标准的策略：

安笼子策略，用各种谈判标准把对方装进预先设好的框架当中。

第6章

高效谈判实战指南

我们通过前面的介绍，给大家详细地阐述了谈判的五大基本要素——目标、预算、优势、标准、策略，各个要素的定义，对于谈判的意义，以及如何在谈判中有效地使用。

下面我们会给大家介绍一场实战的常规流程，以及在一场实战谈判中如何使用这五大谈判要素。

具体说，常规的谈判流程分为四个步骤：

第一步：谈判评估——谈判之前先填表；

第二步：路线设计——谈判路线来推导；

第三步：交换信息——破冰提问讲故事；

第四步：协商方案——报价交换定方案。

其中，前两步在谈判开始前进行，后两步在谈判开始后进行，这样安排就能看出前两步在一场实战谈判中更为重要，可以说前两步完成的质量直接决定了后两步的操作效果。

我在介绍谈判要素之优势的章节中曾给大家详细介绍了优势对于谈判的极端重要性，那么谈判四步骤中的前两步实际上就是在梳理谈判双方的优劣势，并根据优劣势设计谈判路线，所以说这两步就是在为面对面交锋奠定基础。我希望大家要重视谈判的这前两步，在谈判的精力分配上更多地倾向于前两步的执行上面。

为了便于大家能够更好地体会谈判四步骤中各个步骤的执行重点，我用一个虚拟的案例来进行具体的演示。案例中的人物并不真实存在，但案例中涉及的谈判内容和谈判情境都真实存在。

30岁的吉姆是美国纽约冰山篮球队的当家球星，他在上一个赛季打出了自己职业生涯最好的数据，并入选了赛季末的最佳球员阵容，他和冰山队的合同在赛季后结束。现在他的经纪人林肯代表他，正在和冰山队总经理卡尔（代表冰山队老板米奇）进行合同续约的谈判，我们来看看他们双方如何展开实战谈判的四步骤。

第一步：谈判评估

我们在前文中详细介绍的谈判五大要素在这里就要派上用场。对于谈判的第一步，就是要仔细梳理我方和谈判对手各自的五要素，并进行对比，对比后，谈判的前景就会明朗起来，后面的面对面交锋也会有章可循。因此，第一个谈判动作就是谈判评估。

动作一：谈判评估

在完成谈判评估这个谈判动作时，我建议大家用固定的格式来梳理谈判的各个要素，这有利于大家快速地进入谈判状态，当然，大家也可以根据自己习惯的方式来完成这个部分的工作。不过，请尽量用文字的形式来完成这部分工作，所谓“好记性不如烂笔头”，哪怕寥寥几笔，能让自己看懂即可，随着大家对于这部分内容操作的熟练程度加强，完全可以做到在手机的备忘录中有提示性地记录就可以开始谈判的程度。

（一）填写目标设置表，制定己方谈判目标，预测对方谈判目标

谈判目标作为谈判双方的最高指令一定是最早确定下来的谈判要素，因此，在谈判前第一个梳理的就是谈判目标。

我们前面介绍过如何设定谈判目标，以及谈判目标的分类。在实战谈判中，我们最看重的是解决当下的问题，即短期目标，对于短期目标，必须有上线、中线和下线的区分，这样做是为了保持谈判的弹性，同时还能兼顾我们的基本利益。对于长期目标和关系目标这部分，则视具体情况来填写，很多时候，长期目标并不清晰，我们可以暂时不用填写，而对于关系目标，则用短期合作和长期合作就可以确定。

所以，梳理我方目标时，必须写的是短期目标的上线、中线和下线，可写的是长期目标和关系目标。

梳理对方目标时，最好的情况是，我们了解到谈判对手的上线、中线和下线，但如果谈判情报不够充分时，我们只需要预测谈判对手的大致目标即可，但是这部分内容需要在谈判开始后的信息确认环节补充完整，因为谈判开始后，我们就能从和对方的交流中了解到其目标到底是什么。

了解谈判对手的目标是为了更好地运用我方的谈判预算来进行对应性匹配，进而可以和谈判对手达成方案的一致。

在实际的梳理过程中，可以采用这样的方法，把一张白纸从中间画一条线，分为左右两边，左边总结我方的目标，右边预测对方的目标。

案例中，吉姆对于续约谈判的首选目标肯定是签下一份三年以上

的长约，这样对未来的保障更强，职业球员的伤病不可预测，所以合同期越长保障性越强，虽然吉姆没有遭遇过大的伤病，但之前也是小伤不断。

此外，年薪要保持不低于其他顶级球员的年薪，这个目标必须保证实现，这是和冰山队签约的最低目标。从长期目标来看，吉姆需要开始为退役生活进行计划，30岁退役的球员比比皆是，所以，吉姆长期的打算是进入球队的服务保障团队，可以做比赛分析师，也可以做球探，最好能成为助理教练。总之，只要和比赛相关的工作，他认为自己都可以尝试，那毕竟是可以干到退休的工作。

从冰山队的角度来看，冰山队老板米奇的长期目标的底线是球队能够盈利，上线是能够获得联盟冠军。毕竟这是一个商业联盟，老板的目标永远只能是获利，否则经营球队就没有意义。但短期来看，老板的目标是球票销售率和球衣等周边产品销售良好，而这些又都和球队的表现有关，球队表现好，赢球多，球迷就会更多到现场看球并购买周边产品。所以，冰山队总经理卡尔需要留下明星球员吉姆，因为球迷喜欢吉姆，他们愿意为了看吉姆而彻夜排队买票；同时吉姆在的场次，球队赢球率也比较高，而且老板还会想尽量低地控制球队运营成本。

所以，卡尔可以给吉姆顶薪，但不愿意和吉姆签长约，因为吉姆已经30岁了，这是球员伤病高发的年龄，如果吉姆因为伤病长期不能上场，那么吉姆的长约就会把冰山队的未来拖垮，另外的选择就是不给吉姆顶薪但可以和吉姆签长约，这样的话，哪怕吉姆受伤，也不会拖累球队的财务状况。

结合案例，我们把吉姆方面以及冰山队方面的谈判目标填写到下面的表格中：

谈判目标设置表

吉姆		冰山队	
上线	合同期限：五年 薪水：联盟顶薪	上线	合同期限：三年 薪水：低于联盟顶薪
中线	合同期限：三年 薪水：联盟顶薪	中线	合同期限：三年（第三年球队选项） 薪水：联盟顶薪
下线	合同期限：一年 薪水：联盟顶薪	下线	合同期限：一年 薪水：联盟顶薪
长期目标	进入球队的服务保障团队工作	长期目标	球队能稳定盈利 球队获得冠军 球迷持续的支持
关系目标	和冰山队老板米奇以及总经理卡尔保持良好的工作关系，并发展私人关系	关系目标	保持和吉姆的良好工作关系，让吉姆更多参与球队组织的球迷见面会

在我们完成谈判目标设置表的填写后，我们对于自己的谈判目标有了清晰的界定，我们知道在谈判中到底要拿到哪些东西，同时，对于谈判对手目标的预测有利于在谈判开始后的信息测试，测试完成后，我们就会“知己知彼”，就可以更好地运用谈判的其他各个要素来和谈判对手协商方案。

（二）填写预算评估表，制定己方谈判预算，评估对方谈判预算

我们要填写的第二个表格就是预算评估表。这张表格中，我们需要完整地梳理我方的各个谈判预算内容，同时要尽可能地估计对方的谈判预算。这是谈判所需要的“弹药”，搞清我们双方的火力对比，才不至于在面对面交锋中吃亏。

案例中，吉姆方面和冰山队方面都对各自的谈判预算进行了梳理，填写如下。

谈判预算对比表

吉姆		冰山队	
货币预算	最低要求是可以接受一年顶薪的收入	货币预算	顶薪，签约奖，赢球奖
时间预算	尽量用一个月时间谈好合同，最晚不能超过三个月，因为三个月后新赛季训练营开始，各个球队的人员都将配齐	时间预算	时间充裕，训练营开始后签约也可以，尽量拖到第一个月后开始实质谈判
心理预算	对于顶薪的目标非常坚定；对于长约的目标坚定程度一般	心理预算	对于和吉姆续约非常坚定；对于不给三年以上长约非常坚定
条件预算	1.为了避免伤病给球队带来损害，可以不参加其他非冰山队组织的训练和比赛，包括国家队比赛 2.参加球队组织的球迷活动优先于个人商业代言活动	条件预算	1.可以给予吉姆球队队长头衔，并指定为球员代表接受媒体访问 2.可以安排当地主要媒体每月进行一次专访 3.给予吉姆家属球场包厢座位，并允许和球队一起乘坐飞机到客场

填写谈判预算表时一定要尽量多地设置条件预算，我们在预算章节中曾重点介绍过，很多对于我们是低价值的条件对于谈判对手来说却是高价值的目标，所以，越多的条件预算，就越有可能换回更多的利益。

此外，各方面的谈判预算一定是我方可以拿出的最大限度的预算，即当突破预算时我方必须及时止损，叫停谈判，哪怕没有实现目标。

因为我们在前面介绍过，所有目标都有成本，当成本突破我们可以接受的底线时，我们的目标就不是一个理性的目标，也就不应该再固执地坚持，而预算对于谈判的意义也就在于此，所以，制定谈判预算后，在谈判中就要经常回顾，来查看谈判进行过程中是否已经突破了预算，如果没有突破，还剩下多少空间。

（三）填写优势对比表，梳理己方谈判优势，评估对方谈判优势

填写完成谈判的目标和预算后，下面要梳理的就是谈判双方的谈判优势，谈判优势从三个方面来梳理：利益优势、供求优势和情绪优势。

案例中，吉姆方面和冰山队方面彼此比较熟悉，所以十分清楚自己在谈判中所处的地位，他们梳理的谈判优势如下：

谈判优势对比表

吉姆		冰山队	
利益优势	1.吉姆有非常好的球迷基础，这可以给冰山队带来稳定的球票收入以及周边产品的销售收入，特别是吉姆出色的表现使得球馆附近的其他产业都被带动，这对冰山队老板的其他产业都有帮助，这些都是能帮到老板的地方。 2.吉姆如果离开冰山队，冰山队短期的球队成绩会下滑，球迷看球的热情会下降，这对于冰山队都是可以计算出来的损失。 3.吉姆如果以自由球员身份离开冰山队，冰山队会失去用吉姆交易其他球员的机会。 以上是吉姆可以伤到老板的地方。	利益优势	1.冰山队以吉姆为核心来打造体系，所以吉姆的成绩和冰山队的体系分不开，在其他球队很难实现这个成绩，没有成绩也就没有球迷的支持和商业代言。 2.冰山队相比其他球队可以给吉姆开出的顶薪更高，因为冰山队是吉姆之前效力的球队。 这是冰山队可以帮到吉姆的地方。 3.吉姆在纽约已经有了很多商业代言，但如果他离开了冰山队，他的球迷基础会损失，他的代言合同很难得到续签。 4.吉姆的孩子在纽约上了著名的私立小学，离开冰山队意味着孩子要转学到教学质量较低的学校。 这是冰山队可以伤到吉姆的地方。

供求优势	1.吉姆的经纪人林肯已经向其他球队发出报价邀约，如果条件合适，可以加盟，林肯已经收到了几份报价。 2.吉姆大学时期的教练，现任冰湖队教练罗斯正在极力招募吉姆加盟冰湖队。	供求优势	1.冰山队在自由球员市场开启后，签下了一名来自德国的自由球员和一名征战多年的老将，如果吉姆离开，这两人可以分别承担原来吉姆的进攻和防守的任务。 2.冰山队在选秀市场上，选择了和吉姆打同样位置的19岁少年鲁迪，作为球队未来，鲁迪可以在几年后替代吉姆的位置。
情绪优势	吉姆和球队老板米奇以及总经理卡尔私人关系良好。	情绪优势	总经理卡尔曾在多年前引进刚刚伤愈复出的吉姆，当时很多人不看好吉姆可以恢复，吉姆很感激卡尔。

（四）填写谈判标准表，梳理对己方有利的谈判标准

谈判优势梳理完成后，接下来就是最后一项——谈判标准。

谈判标准作为谈判中最为客观的部分，可以说最容易梳理，对于谈判对手的谈判标准也最容易预测。

案例中，吉姆方面和冰山队方面可以依赖的谈判标准并不多，基本上就是原合同的规定、劳资协议的条款以及市场上同类球员的薪酬这几项。

谈判标准表

吉姆		冰山队	
谈判标准	1.其他最佳阵容球员的薪水，合同年限。 2.其他球队开出的薪水和合同年限。 3.其他最佳阵容球员可以享受到的球队待遇，包括私人助理、私人教练、营养师、球场专属包厢等。 4.劳资协议中对于最佳球员的薪资条款。	谈判标准	1.原有合同中对续签合同的约定。 2.劳资协议中对于球员薪资的约定。 3.冰山队的现有合同人员薪资和工资帽之间的金额差距。 4.市场中曾出现过的最佳球员没有签顶薪或长约的案例。

总　　结

动作一：谈判评估

用谈判评估表来评估我方和对方的各个谈判要素，包括谈判目标设置表、谈判预算对比表、谈判优势对比表和谈判标准表。

第二步：路线设计

实战谈判四步骤中的第二步是“路线设计”，即根据第一步中对于谈判双方五要素的梳理及双方的“火力配置”，制定和谈判对手面对面交锋的谈判路线。

市面上大多数的谈判类书籍都没有单独介绍谈判路线设计的章节。我不知道具体的原因，但我知道在我经历过的几百次商务谈判中，每一次走进谈判房间前，我都会设计我的谈判路线，包括如何提出我的诉求并给出我的支撑理由，如何反驳对方的诉求并破解对方的支撑理由，我该在什么时候让步，让步的次数是多少和每次让步的幅度是多大。这些都是经过我提前设计并提前彩排过的。这就是我很少会在商务谈判中失手的原因所在。

我要告诉大家，谈判路线设计的意义在于保持我们在谈判过程中的主动性，而保持谈判的主动性是谈判中最为重要的原则。所谓“谈判的主动性”是指我们对于谈判的节奏设计，我们知道什么时候做什么事，哪怕面对一场人强我弱的谈判，我们也要保持谈判的主动性，即我所吃的亏是我自己事前计划过的，而不是对方要求我的，请大家牢记这一点。

请你回顾自己曾有过的谈判经历，凡是那些你事后发现吃亏的谈判都是因为你没有保持自己的谈判主动性，而是进入了对方的谈判节奏。比如经常在我们身边发生的电信诈骗案件，就是典型的因为被带入了对方的谈判节奏而吃亏的案例。

诈骗犯在实施电信诈骗前会花大量的时间来设计“对话脚本”。这份脚本实际上就是诈骗犯的谈判路线图，脚本中对于受害者每个阶段的反应都有明确标注，对受害者的回答也有对应的话术。正是通过这样精心的设计，才使得受害者进入了诈骗犯的谈判节奏中，这个节奏的终点就是“给诈骗犯打款”。

我们可以想想，如果我们面对一场商务谈判，谈判对手精心设计了谈判路线，而我们没有任何准备，脑子里只想着“谈谈看”，那最后的结果会怎样？一定是我方吃亏，对方受益。这个过程就像是《田忌赛马》的故事，赛马的双方中，一方是齐王，一方是田忌。齐王对赛马的过程没有设计，就是一匹马一匹马地上场，赢了输了都凭运气，而田忌在孙膑的帮助下进行了赛马的路线设计，他会在齐王派出上等马时，派出下等马，齐王派出中等马时，派出上等马，齐王派出下等马时，派出中等马，最终，他们三局两胜获得比赛的胜利，齐王或许认为这是运气，但读过这个故事的我们都知道齐王输得一点儿都不奇怪，因为比赛完全在田忌和孙膑掌控的节奏中进行。

所以，我希望大家梳理过谈判双方的五要素后，一定要花些时间来设计和规划一下谈判路线，这是谈判准备中最为重要的工作。在这个阶段要完成的谈判动作是，谈判路线如何设计。

动作二：路线设定

谈判路线总体分为进攻路线和防守路线两个方面。

请原谅我用“进攻”和“防守”这种听起来有些对抗性的词语，因为我实在找不到其他合适的可以形容这个阶段工作的词语。所谓“进攻”，就是指我方为了达成谈判目标要如何向对方提出诉求，并实现我方的诉求。所谓“防守”，就是指面对谈判对手提出的诉求时，如何最大限度地化解和最低程度地付出谈判预算。

1. 进攻路线设计的原则——先“优势”后“标准”，时刻拉高预算。

先“优势”：我们在和谈判对手交锋时，一定要首先亮出我方的优势，无论是利益优势还是供求优势，或者是情绪优势，都要在第一时间向对方展示出来。我们在前面的内容中曾反复介绍过，优势是左右谈判走势的第一要素，所以，第一时间展示优势可以帮助我们在谈判中占据有利位置。这就像军事战斗中，敌我双方抢占制高点一样，谁能抢占制高点，谁就控制了局势。

比如在人质绑架谈判中——

绑匪的第一句话一定是：“你的儿子在我手上！”

警察的第一句话一定是：“你已经被我们包围了！”

在本章节的案例中，吉姆方面设计的谈判路线为：

在谈判伊始，向冰山队表明吉姆对于球队成绩的重要性，对于球迷基础的重要性（利益优势中的“帮他”），同时，向冰山队表明冰湖队已经给吉姆开出了一份顶薪合同（供求优势），最后，向冰山队总经理卡尔表达在同等条件下一定会选择冰山队的态度，因为吉姆感激卡尔之前的知遇之恩（情绪优势）。

冰山队设计的谈判路线为：

在谈判伊始，向吉姆表明球队一定会给他顶薪，这是吉姆应得的，同时球队会给予吉姆和顶薪相匹配的球队待遇，包括给予队长头衔、家属包厢等（利益优势中的“帮他”），但同时让队医告知吉姆他的身体状况可能会在未来几年呈现下降趋势，所以有伤病隐患（利益优势中的“伤他”），此外，告知吉姆方面球队签约了和吉姆同位置的替补球员，并在选秀大会上选择了一名19岁的潜力新人（供求优势），最后，和吉姆方面表达球队上下对他的依赖，以及吉姆的孩子已经完全适应了纽约的生活，孩子的快乐是吉姆应该考虑的（情绪优势）。

大家通过案例可以看出，经过路线设计后，我们就对接下来的谈判有了十分清晰的操作步骤，知道该说什么，该做什么，特别对于谈判新手来说，路线设计非常重要。

在展示谈判优势时有三点需要注意的事项，这三点不注意，会让谈判优势在谈判中的效果大打折扣。

第一点，要给谈判优势进行辅助证明。

展示谈判优势后，就要用数据、文字或其他手段来向谈判对手证明你拥有的谈判优势真实有效，这样对手才会相信，对手相信了才会起到作用。

我们回到案例中，以吉姆方面设计的谈判路线为例：

吉姆方面的路线是，向冰山队表明吉姆对于球队成绩的重要性，对于球迷基础的重要性。**吉姆方面对这个优势的证明为，吉姆在冰山队效力期间的数据统计，包括吉姆的个人数据，吉姆对于团队赢球的贡献值，吉姆不在场和在场的球队效率对比值，联盟内和吉姆同等位置其他球员在上述数据中的排名情况，上述种种数据最后的结论是吉姆对于球队胜利不可或缺**。

同时，向冰山队表明冰湖队已经给吉姆开出了一份顶薪合同。**吉姆方面对这个优势的证明为，冰湖队发给吉姆经纪人的报价邮件**。

通过对优势进行证明，我们可以感受到吉姆方面非常清楚自己对于冰山队的价值，这个价值不是人为判断，而是有大数据支撑的结论，这种证明是无法被反驳的。我建议大家在谈判中进行优势证明时，尽量采用客观的数字或图片影像资料，这样可以大大提高优势的可靠性。

第二点，要说狠话就用黑脸。

在谈判路线中我们一直没有提到谈判五要素中的“策略”，这是因为策略这种要素是贯穿在谈判路线设计始终的，我们会把策略融入谈判路线的设计当中。比如在亮明谈判优势时，几乎都会用到黑白脸策略。因为我们说过，谈判最初就要占领制高点，用谈判优势来压制对手的谈判火力，那么压制效果最好的谈判优势就是利益优势中的“伤他”——痛点优势。比如我们有时会“威胁”谈判对手，如果对方还是不同意我方的要求，我方就会退出谈判，和其他人成交。这种狠话的杀伤力很大，有时可以迅速加快谈判流程，但这种狠话却又会破坏谈判双方之间的和谐气氛，所以，面对这种情况，采用黑白脸策略更为稳妥。

在合适的时机下，让黑脸说出“威胁”谈判对手的话，然后让“白脸”把严肃的气氛拉回来。这样的配合既能亮明我方的优势，又能给彼此一个回转的空间。

比如卖方和买方在进行催款的谈判时，卖方说：

“柳总，今天能过来见您很不容易啊，您这边已经超过三个月没有结款了。我们公司的 ERP 系统已经自动把您公司拉进断货清单了，您明天的货肯定是送不过来了。我一想，您这边负责全厂的采购，如果我们断货，不仅影响您公司的生产，还影响您在公司内的威望。但我这边可以申请一次区域总经理的特批权限，可以给特殊情况的客户发货，所以我赶快过来和您商量一下结款的事情。您如果今天结款，我回去马上申请总经理特批发货，否则，我真就一点办法都没有了。”

大家感受一下这段表述，卖方一开始就亮出了谈判的优势——断货，这个优势是很巨大的，因为短时间内没有一家企业可以调配到新的货源。但一般来说，断货这种事情一旦发生，那么买卖双方的关系就会降到冰点，未来的合作基本无望，所以卖方也几乎不会用断货来威胁买方，因为欠款再多可以要，但一旦不再合作，后面的钱是赚不到了。不过“断货”这张大牌你又不能不用，怎么办？用黑脸的方式，用 ERP 这种自动的软件系统的方式来把“断货”这张牌打出去，这样，谈判对手根本怪不到任何人，要怪只能怪他自己不按时结款。然后，我们再用“特批发货”的白脸式表述把对手拉回来，给对方老总台阶下，让他可以顺利地付款，同时给其他部门和其他人一个交代，即不是柳总想先给这个供应商结款，是因为人家断货了，谁能承担断货的责任？这样，柳总也能在公司内部顺利地让财务付款。

这就是狠话要让黑脸说的道理所在，也是我们在展示谈判优势时要千万注意的一点。人都是在一个组织和一个环境中生活和工作，所以，让对方知道你为他着想，但你自己也有难言之隐才最让人感到真实。还是那句话，对方感到真实才会同意你的诉求，对方感到虚假，就会认为这是你的“套路”，他们就会用相应的“套路”来对付你，那样到最后，大家只好摊牌，摊牌的结果就是不再合作。

第三点，不要把牌一次打光。

在展示谈判优势时最后要注意的一点是，不要把牌一次打光。我们在介绍谈判优势的利益优势章节中曾说过，“甜点要分次给”，所以，我们的优势牌要适当展示，有一些牌要留着以后用，我们可以用不断打出的牌来不断地交换回我方需要的东西。

在案例中，冰山队方面在梳理谈判优势时曾明确表示，可以用冰山队的资源来给吉姆每周一次的出镜秀，这样可以增加吉姆的曝光率，从而能让吉姆在其他的商品代言合同中获得更多的代言费，因为代言费和曝光率成正比。这是一张非常有诱惑力的牌，这张牌其他球队很难打出，因为冰山队处在纽约的大都会圈，媒体资源非常丰富，这是其他球队可望而不可即的资源，而且如果吉姆没有获得冰山队的顶薪，那么这张牌完全可以弥补吉姆的薪水损失，甚至比原来的顶薪所得更多。

不过冰山队在设计路线时，决定前期先藏起这张牌，在后期谈判胶着时再打出来，以免提前暴露。因为如果提前打出，就会使吉姆的经纪人和冰湖队也开始洽谈类似出镜秀的条款，说不定冰湖队有什么特殊的资源也可以搞出出镜秀这种事情。

所以，大家在设计谈判路线时，也要设计谈判优势的展示时机，不能一次都展示，也不要遗忘哪个重要的谈判优势，要有节奏感地展示，这样才能保证谈判的主动性。

后“标准”：谈判最有效的方式是通过谈判优势的“碾轧”迫使对方和我们成交。但如果我方谈判优势并不多，或者双方的谈判优势势均力敌时，我们就要退而求其次地把“谈判标准”拿出来，用某个能克制住对手的标准来给我方争取利益。

同时，在谈判路线中加入谈判标准这个要素的另一个重要作用是要用标准这种客观原则来证明我方谈判诉求的合理性。当我方诉求合理时，对方才会相信，对方相信后才会同意，因为谈判中大家免不了遮遮掩掩，所以用光明正大的理由证明诉求的合理才会显得这么重要。

案例中，吉姆方面的谈判目标是顶薪续约三年，他们给出的标准有冰湖队给吉姆开出的合同，有其他最佳球员的合同，这些都是“行业规则”，他们证明了吉姆争取顶薪的合理性。

冰山队方面的目标是可以给吉姆顶薪，但不签长约，或者签长约但不给顶薪，为了给出支撑，他们给出的谈判标准是历史上曾有过的最佳球员没拿顶薪的案例，以及球队现有薪金和工资帽（薪金上限）之间的金额差距，这些标准都可以支撑冰山队诉求的合理性。

可以看出，用来进攻的谈判标准一定是对我方有利的谈判标准，这样才会对我们的诉求有支撑作用。我在前面介绍过，对于谈判标准，谈判者要进行大数据的储备，要持续地搜集对我方有利的各种谈判标准，这样，才会在面对一场具体谈判时找到那些对于我方有利的条件。这个不仅有助于我们在设定谈判的进攻路线时用来填充弹药，在我方制定防守路线时也会派上用场。

时刻拉高预算：除了我方谈判优势非常明显的情况以外，我们在谈判中都需要拉高对方的预算，这样做不仅可以提高对方和我方成交的心理预期，还能消耗对方的时间预算，让对方自乱阵脚。

对于拉高预算，我们要说明的重点在于，要把拉高对手预算作为一个常态化动作时刻使用，即贯穿在谈判中使用，所谓“贯穿”就是指两点。第一，在谈判的开局可以使用，在谈判的收尾也可以使用。第二，进攻路线可以使用，防守路线也可以使用。

在谈判的开局可以使用，在谈判的收尾也可以使用。

拉高预算是谈判高手都会操作的基本谈判手段，可以说已经被内化为一种谈判习惯。对于拉高预算的使用没有特定的时机要求，随时随地都可以使用，在谈判的开局可以使用，在谈判的收尾也可使用，这就是拉高预算可怕的地方。因为这种策略可以不知不觉地让谈判对手期待和我们完成交易，而且又不留痕迹。

比如有这样一种人，他们去买东西时会和销售员聊很多产品细节，我一个同事阿杜就是这样的人。

有一次我陪他去买空调，他和销售员饶有兴趣地讨论变频的原理，以及为什么变频这么好还是有很多人不买。销售员一直非常热心地和他交流，但阿杜也不说买，而是一直问这问那。随着时间一分一秒地流逝，看得出来，销售员越来越失去耐心，但想想自己这么辛苦地介绍，不能白白浪费了，销售员就一直催促阿杜成交。这时，阿杜终于同意下单了，但付款时又发现钱包忘带了，销售员满脸沮丧，阿杜说打电话给家里人，让他们把钱送过来。

阿杜一遍一遍地拨电话，结果就是无法接通，终于在十几分钟后，打通了。可过了一会儿，阿杜找到销售员说，刚和家里人在电话里说了送钱的事情，可家里人说这东西有点贵，不让买，在其他地方看到过更便宜的。销售员显得情绪有些激动地说，这里是专卖店，能保证质量，等等。阿杜说他也觉得现在不买挺不好意思的，但还是问销售员可不可以和领导商量一下按照家里人说的价格买下来。

这时，销售员进退两难，因为他已经被阿杜拉高了预算，在心里很难舍弃这单生意。但从情绪上他已经有些气愤了，不过最终销售员还是和领导要到了更低的价格。

我们看，阿杜最初不厌其烦地让销售员介绍产品细节，这是在谈判开局就拉高预算，而在最后决定成交付款时，阿杜说给家里人打电话，总是打不通，这是在谈判收尾时拉高预算，最后，销售员落入了阿杜的谈判节奏中。

可以说，阿杜整套的谈判动作都是经过设计的，目的就是拉高销售员的预算，阿杜其实在最开始就决定要买这件商品，但他想要一个最优惠的价格，他没有其他优势，他只能通过拉高预算的方法达到自己的目的。我们在现实生活中都会遇到这样靠“软磨硬泡”拿到优惠价格的人，但这就是他们的谈判策略，虽然很多人都看不起买东西这样“磨磨叽叽”的人。

阿杜这个例子是单次交易的谈判，但这个例子体现的拉高预算的套路却不断发生在我们的生活和工作中。我在做工业品销售多年的生涯中，看到很多销售员犯过同样的错误，他们最后不是被客户打败了，而是被自己拉高的预算打败了，他们和公司，和领导争取价格时最爱说的一句话就是，“这个客户我都跟了多长多长时间了，我不能放弃”。这是典型的谈判预算被拉高的语言。

我希望大家在实战谈判中能让对手最后说出一定要和你成交这样的话，这代表着你拉高预算的成功。

进攻路线可以使用，防守路线也可以使用。

拉高预算这个动作既是进攻路线的标准动作，也是防守路线中一个常用的动作。特别是当对手攻势特别凶猛，或者是遇到我们始料未及的情况的时候，我常用的方法就是找个合理的借口暂时中止谈判，让对方的攻势“凉下来”，同时拉一拉对方的预算，然后我回去整理一下谈判各个要素，调整一下谈判路线，再回到谈判桌上处理之前搁置的话题。这个攻守一体的方式在实战谈判中非常实用，也非常普遍，特别在遇到我们之前在谈判评估阶段没有预想到的，对我方很不利的情况出现时，我强烈建议大家和谈判对手说，“让我考虑一下”。

2012年，我曾在和德国某顶级汽车生产商的合同谈判中遇到这种情况，我们在价格谈妥后，进行合同条款谈判时，在损失赔偿条款上产生了重大分歧。一般来说，对于谈判中的分歧点，谈判双方会阐述各自诉求以后经过协商做出一些让步，不管让步大小，很少会出现“寸土不让”的情况。

但在和这个客户谈判时，我职业生涯第一次遇到了这样的硬骨头，因为客户的采购马经理告诉我说：“我们的合同一个字都不能改。”

这显然和我之前准备的谈判情况完全不同。当时我虽然有些被激怒，但多年的谈判经验告诉我，负面情绪会让我陷入被动。我便平静地和马经理说：“这种合同一字不改的情况我是第一次遇到，因为贵司要求的损失赔偿金额远远超出我方最高可以接受的金额，所以，我们内部要开会专门讨论这个情况该如何处理，请给我些时间。”

马经理很自然地同意了，但他犯了一个错误，他没有和我确定下一次的谈判时间。可能，他认为德国某品牌的牌子足以抵挡一切供应商的诉求，所以，他认为我们最终一定会屈服，可是，事情的最后，屈服的是他们。

我回去后重新梳理了谈判五要素，发现我方有一个优势，客户要求的设备到位时间在明年3月份，而现在是12月份，除去中间的元旦和春节假期，真正有效的工作时间不到两个月，所以，只要我们把合同谈判时间尽量拖到一个月以上，客户就失去了寻找替代供应商的时间。因为一个月的时间，从谈价格到谈合同，再到签合同是不可能完成的。这就是大型跨国企业的弊端，因为中间的批复环节比较多，而且人员不是集中在一个地区，甚至都不在一个国家。

确定了下一步的谈判路线后，我便着手实施。

首先，我不主动回复客户方面。结果，一周后，马经理发来了邮件询问我们的开会结果。我回复马经理说，我们开会的结果是，我的老板，也就是总经理想要当面拜访马经理和他的老板，也就是德国工厂的采购总监，希望更深入地沟通一下，因为客户的合同条款在我公司整个中国区范围内也没有遇到过。

这里要说明的是，我和我老板确实是想找更高的决策人谈一下，看看到底对方是确实不能修改合同，还是马经理在“假传圣旨”，同时，能让这次拜访拖延一下时间，拉高对方的时间预算。

马经理显得有些不太高兴，但在我一再坚持下，他表示会和老板约下时间。

当我们双方带各自老板会面时，距离我们第一次谈判已经过去了半个月。会面的结果不出所料，客户方面确实是非常强势，但客户的采购总监要比马经理和气多了，话还是一样的话："我们的合同从来没有修改过，请贵公司谅解。"我方的回答也是一样的，我们要和美国老板开会商量。

这次马经理催促得比较及时，过了两天就打电话问我，我告知他，美国老板本周一直在巴西参加董事会，没有约到时间，最早要下周有时间。这样，时间就顺利地又拖后一个星期。当然，我们根本不会和美国人商量，我们已经决定，最后我方能同意的数字就是公司内部允许的最高赔偿数字，这个数字和客户合同上的数字差距在400万。

下一周，马经理打来电话时已经显得非常不耐烦，我还是平静地和他说，我们和美国老板的会议安排在中国时间周四晚上，我周五早上上班会第一时间联系马经理。大家可以算算，到目前，这个事情恰好被拖延了一个月。

周五一早，我给马经理发出了早已编写好的邮件，告知了我方的意见，并表示如果因为这点分歧没能达成合作，我方只能表示非常遗憾，在这里，我又用了一次"最后通牒"策略。

马经理看过邮件后，生气地打过来电话告诉我，让我们考虑好后果，我无奈地表示我只是传达老板们开会的结果，我也想同意客户的诉求，但我的权限确实批复不了这么大的数字。

我相信客户的选择已经不多了，这个时候已经进入1月末，很多人已经请好了年假回老家，这个时候你再找其他供应商过来洽谈，可能连人都找不齐。

最后，客户终于在2月初回复了邮件，告知我，他们和德国总部协商后表示，中国工厂情况特殊，就按照当地的处理原则来操作。他们同意了我方的数字，春节前，我们签好了合同，3月份，我方开始供货。

拉高预算的方法在使用时，首先要保证自己有预算，不要自己都没有时间了，还拉高对方的预算。同时，还要知道对方的时间节点在什么时候，这样好控制拉高预算的节奏。此外，拉高预算能成功的前提是，对方始终在和我们谈判，而不是同时在和多方进行谈判，当谈判对手不是只有我们一个选择时，拉高预算的方法一定要慎用。因为当我们在拖延时，我们的竞争者却可能在进攻，这样一来，我们的拖延就成全了竞争者，这一点请大家格外留意。

2. 防守路线的设计原则——拆优势换标准，有交换才让步。

拆优势：作为防守路线，我方要做的就是用尽量少的代价完成谈判目标。代价小的前提就是我方优势更大，作为防守一方，我方是需要通过削弱对方的优势来实现扩大我方优势的目的的。削弱对方优势的方法就是一个字——“拆”。

拆什么？拆掉对方的优势证明，这样对方的优势就会不攻自破。

我们再回顾一下对方优势的三个来源，分别是对方可以满足我方的利益优势、对方占据供求优势、对方营造了情绪优势。

我们要拆的就是对方这三个优势，最后达到的效果是：要么让对方认为对方并没有特别满足我的“甜点”，或者打疼我的“痛点”；

要么让对方知道，对方不是我方的唯一选择，我们和其他人也在同时洽谈。

比如，很多女孩子买衣服时非常会砍价，各位可以在读过本章后，再去观察那些会砍价的女孩子，她们砍价的三招恰好对应我们这里介绍的拆解对方谈判优势的三个方面。这砍价三招分别是挑毛病、提对手和装可怜。

第一招：挑毛病。

她们如果看中了一件衣服后，就会首先极力找出这件衣服的“毛病”，然后指给老板看：

“老板，你看，这里都脏了，怎么搞的呀，这还怎么穿呀？”

“老板，你看，这里都开线了呀，这衣服质量有问题呀！”

指出这些毛病后，她们会一脸嫌弃地和老板说：

“这怎么办呀，我本来挺喜欢这件衣服的。”

第二招：提对手。

然后，她们会用经验十分丰富的语气质问老板：

“老板，同样款式的衣服，你们怎么比别家贵这么多呢？”

“老板，这个板型的衣服，很多家都在卖的，可别人的怎么都比你的便宜呢？”

第三招：装可怜。

如果最后老板仍然没有把价格降到她们预期的目标价，她们就会变得楚楚可怜地和老板说：

“老板，行行好，再便宜点呗，我们女孩子赚钱不容易的。”

"老板，一看你就是做大生意的，比我们女孩子有钱多了，你就帮帮我们好吗？"

大多数老板在这个时候都会最终便宜一些来成交的，因为：

第一招，这些女孩子通过指出衣服的"毛病"拆掉了老板的利益优势，这些"毛病"的存在不能让顾客满意，这就让这些衣服失去了吸引力，从而不能满足女孩子买衣服的初心；

第二招，这些女孩子用提对手的方式告知了老板，她们也有其他卖家作为备选，这件衣服不只有这个老板一家在卖，这就拆掉了老板的供求优势；

第三招，这些女孩子用女性天生的弱势来打动老板，面对装可怜的女孩子，没有哪个人能硬下心来拒绝，多多少少都是会给些折扣的，这样，老板又没有了情绪优势。

为什么说女孩天生会砍价？看到她们的砍价三板斧就知道了，原来她们的砍价方法正好都"拆"掉了对方的优势。

换标准：谈判标准是谈判中表示客观公正的存在，但如何选择谈判标准却并不客观，并不公正，每个人都只会选择有利于自己的谈判标准。所以，我们在制定防守路线时，就要用有利于我方的谈判标准来替换掉对方的谈判标准，也就是说，不管我们是不是已经知道了对方的谈判标准，我们都要提前选择好自己的谈判标准，然后在谈判对手进攻时，抛出我方已经提前准备好的有利于我们的谈判标准来尝试替换。

和进攻路线中准备谈判标准这个动作有一点不同的是，我们在防守时，即我们在替换谈判对手的谈判标准时，有一个动作要做在前面，就是我们要指出谈判对手所提出的谈判标准不适用于当下谈判的原因。如果这个原因不说，就直接替换掉对方的谈判标准，会显得我们的表达不够真实，我们在前面反复讲过，如果对方认为我们的表达不真实，就不会对我们继续信任下去，进而会影响继续谈判的进程。只有我们指出了对方谈判标准的不适宜，才能顺理成章地换成我们的谈判标准。

以汽车买卖中常见的价格谈判为例。

车主：你们这款车比同级别的A品牌车贵好多啊，能不能便宜些呢？

4S店销售员：确实是，以购车价格这个标准来对比，我们的车确实比A品牌的车贵一些，但车买来都会被使用，所以计算车的价格，就必须加上使用费用。

那么如果以购车价格和养车费用相加的标准来衡量的话，我们的车又比A品牌的车便宜不少，因为我们的车每隔1万公里保养一次，A品牌的车每隔5000公里保养一次，每次保养的价格大致相当，同时，我们的车比A品牌的车百公里油耗低10%，这样算下来，使用本车只要超过三年，那么花在车上的费用，A品牌要超过我们品牌。

在这个案例中，销售员把“购车价格”这个标准替换为“购车价

格 + 养车费用”。在替换前，销售员先指出了购车价格这个标准的不合理性在于汽车不会只买不开，只要开就会出现类似保养、油耗等这种养车费用；然后给出自己品牌汽车的具体养车费用和 A 品牌的对比，这样一来，对于“购车价格 + 养车费用”这个谈判标准的表述有理有据，令人信服。

有交换才让步：让步是防守路线中最为常见的动作，甚至可以简单地概括为：谈判就是一场关于让步多少的讨论。为什么？因为我们作为成年人都知道，天下没有免费的午餐，我们在谈判之初准备好的谈判预算就是要在让步的时候使用，我们也只有通过让步才会换来和对方成交的机会。

虽然我们已经在谈判前就准备好了要向对手让步，但这不代表我们可以随意让步，在设计谈判路线时，很重要的一个设计内容就是什么情况下让步，每次让步多少，这些是实战谈判中最实用的内容。下面我给大家介绍一下实战谈判中，让步的原则和让步的方法。

第一，让步的原则：有交换才让步。

在谈判中要时刻牢记，对方向你索取让步时，你一定要看看对方出的价码，绝对不能免费让步，一定要交换回对方的谈判预算，这是让步的铁律。不要怕对方开口，请记住，对方是成年人，他们知道和你谈判一定会付出代价，他们也准备好了自己的谈判预算，只不过有时他们的预算并不多。但这没关系，重要的是他们一定不会“空手而来”，这是我们要记住的，所以，尽管开口就好了，看看他们能拿出什么东西。

当然，最好的情况不是让对方自己决定拿什么来交换我们的让步，而是由我们指定要换回什么，这就是我们在谈判前梳理谈判预算的目的。我们梳理自己的谈判预算是用来做出让步，我们梳理对方的谈判预算是用来确定交换的回报。

有交换才让步的原则已经成为商业社会的通行法则，我希望大家也能把这个原则贯彻到自己的谈判中，这对大家来说只有好处，没有坏处。德国慕尼黑商学院组织学教授雅克·纳斯海甚至说，谈判者要把“有交换才让步”变成自己的第二本能，听起来虽然夸张，但却表达了这个原则对于谈判的重要性。我可以告诉大家，如果掌握好了这个原则，我们甚至可以忽略其他所有的谈判技巧，这个原则可以用来回答对手提出的几乎所有的谈判让步要求。

对手要求我们降价10%，我们回答：“可以，但你的采购量要多一倍。”

对手要求我们交货期更短时，我们回答：“可以，但你要承担运费。”

对手要求我们只能采用按揭贷款买房时，我们回答：“可以，但你要签合同后就搬家。”

我们抬头看看身边的商家们，他们的所有促销模式都有附加条件，这就是“有交换才让步”原则的最好体现。

比如衣服专卖店的促销标语：两件九折，三件八折；

比如饮品店的促销标语：第二杯半价；

比如火锅店的促销标语：消费满100元，锅底免费。

我们看，衣服九折，饮料半价，锅底免费，这些都是商家做出的让步，但这些让步都有交换条件，你要买够两件，买第二杯，消费满100元，没有这些交换条件，商家就不会做出上述让步。

此外，在谈判中操作“有交换才让步”的原则时要注意交换的即时性，最好是当下就谈好交换条件，不要用让步换回对方一个模糊的回答。这就像吃糖一样，我们的让步就是对方嘴里的糖，对方拿到时看得见，吃得甜，但过一会儿，糖化了，没有了，对方感受不到了，也就不认可我们的让步了。所以关于“让步”请记住，一手交钱，一手交货，概不赊账。

第二，让步的方法。

当我们可以换回对方的谈判预算，或者我们只是迫于对方的谈判优势而被迫让步时，我们也要有科学的方法来给出我方的让步，决不能随意地让步，这就是我们设计谈判路线的意义，即避免随意性，保持主动性。换句话说，就算输，我们也不能白白地输，我们也要输得值，我们的输是为了给下次的赢做铺垫，这才是我们在每次谈判中应该有的态度。

说回来，对于谈判中的让步，我们提出的方法叫作“半数让步法”，即每一次让步都是上一次让步的一半，或比一半略少，比如我方第一次报价100元，第一次让步到80元，第二次让步到70元，第三次让步到65元，第四次让步到62.5元。

这种“大—小—很小”的逐渐递减的让步方式可以很好地传递给对方一种“对方在接近我方的底价”，或者“我方快被榨干”的感觉，这会有效地使对方减少向我方索取让步的次数。因为他们认为我们什么都没有了，不要把我们逼到墙角，因为对方懂得兔子急了也会咬人，见好就收的道理。

相对应的其他让步方法，比如：

平均让步法，第一次100元，第二次90元，第三次80元……

递增让步法，第一次100元，第二次90元，第三次70元……

随机让步法，第一次100元，第二次81元，第三次80元，第四次63元……

这几种方法都会使对方认为“我方还有空间”，我们前面反复强调，对方相信我方的动作是真的，对方才会同意我方的诉求，否则，对方就会认为我们在玩套路，耍手腕。用这几种让步方法，哪怕最后的报价真的是我方底价，对方也是很难相信的，因为这几种让步方法不符合人的心理，只有“大—小—很小”的逐渐递减的让步方式才完全符合人的预期心理。不过，请大家在实际操作中不要用整数报价，因为整数可以让对方很容易看出我们的让步规律。如果是非货币报价，也尽量不要恰好一半，比如交货期第一次报三个月，第二次报两个半月，第三次报两个月零七天，可以上下差一点到一半，总之，不让对方看出我们的套路就好。

好，到这里，我们已经介绍了为什么实战谈判的第二步是设计谈判路线，以及如何设计谈判的进攻路线和防守路线。还是那句话，谈判路线的设计目的，在于时刻保持我们在谈判中的主动性，所以，如果我们发现在实战谈判中遇到我们在谈判路线中没有准备的问题时，我建议大家停下来。哪怕我们只争取到五分钟的休息时间，我们都要在这段时间内重新完善我们的谈判路线。

切忌为了达成目标而冒进，保持主动性才是我们达成目标唯一的通道，特别是当对方催促我们赶快成交时，我们更要保持警惕——想想我们是不是进入了对方的节奏。很多谈判是在事后才发现吃亏的，但有时已经于事无补。这种情况大量出现在一次性交易谈判当中，比如买卖房产、汽车、一次性服务等场景中，所以我们设计谈判路线以后，还要注意对路线的修正和完善工作。

下面，我们就要拿好武器，走上战场和谈判对手面对面交锋。我可以用我多年的实战谈判经验告诉大家，只要我们在准备谈判的前两步时做了大量细致和扎实的工作，那么后面的实际谈判会比想象中顺利太多，因为我有过太多次这样的案例。当然，在面对面谈判时，我们还是有一些谈判方法要介绍给大家。

总　　结

动作二：路线设定

设定谈判中的进攻路线和防守路线；

进攻路线的要求是，先优势，后标准，逐渐拉高预算；

亮明优势的注意事项是，给出辅助说明，尽量让黑脸说狠话，不要一次把牌打光；

拉高预算要在谈判中成为常态化的动作；

防守路线的要求是，拆优势，换标准，有交换才让步；

拆优势的方法是，挑毛病，提对手，装可怜；

换标准的方法是，指出对方标准的不合理，替换为有利于我方的标准；

让步的原则是有交换才让步，让步的方法是半数让步，即每次让步都是上次让步的一半左右。

第三步：交换信息

实战谈判的前两步“谈判评估和路线设计”重点在于摸清敌我火力对比并制订作战计划，而实战谈判的后两步“交换信息和协商方案”就是要和对方面对面交锋并达成谈判目标的过程。

在这个过程中的“交换信息”阶段，谈判双方的重点在于，会就谈判主题、双方各自优劣势以及谈判诉求进行彼此交流，使得双方都知道彼此对于通过谈判希望达成的目的。这个阶段共有四个谈判动作要完成，分别是开局破冰、确定议程、提问摸底和建立期望。

动作三：开局破冰

很多朋友都不知道如何开始一场谈判，而且很多谈判类的书籍也都没有明确地说明谈判者应该如何开始一场谈判，这个看似不用过多讨论的问题其实对于谈判的影响一点儿都不小。俗话说，“万事开头难”，对于谈判来说一样如此，不管你是在进行一场买卖房产的个人谈判，还是在进行一场公司并购的大型商务谈判，谈判开局是否顺利都会对接下来双方的谈判走向有着重要影响。

这是因为谈判双方在开始谈判之前就对谈判的冲突有所预期，因为没有人会轻易同意他人的所有要求，所以谈判者知道自己的诉求最终一定会被打折，或者自己为了达成谈判目标一定要付出代价，这本身就是一件让人不爽的事情。带着这种预期开始的谈判一定会发展成对抗，这就像抱着“娶了媳妇忘了娘”这种观念开始婆媳生活的老人，最终一定会和儿媳妇发生冲突。所以，谈判开局的意义就是要打破谈判双方潜在的对抗情绪，把谈判的整体走势引向整合资源型的合作模式。对于我方来说，不管在谈判评估阶段我方的优势有多么明显，我们都要在谈判的一开局就营造一种和谐的氛围，并向对方表达合作的诚意，在这种氛围和诚意下，谈判将会进行得比较顺利。

所以，首先，我们尽量从和谈判无关的小事聊起。

比如聊聊来到谈判现场的交通情况、天气情况，聊聊谈判双方的个人情况：老家是哪里？在公司里有多久了？负责哪块业务？这两年公司发展如何？当下遇到了哪些问题？等等。总之，用关心式的对话让对方产生和我方谈判的安全感，进而从安全感过渡到信任感，只有产生了信任感，谈判接下来的走势才不会发展到对抗状态。

此外，除了制造安全感和信任感，高明的谈判者更会从开局的闲聊当中获得关于谈判对手个人的非常重要的信息，这些信息会传递出谈判对手的谈判风格和潜在的谈判诉求。获得这些信息，我们就会更好地应对之后双方的交涉，以及是否需要调整我们之前设定的谈判路线。

其次，我们要向对方明确表达合作的诚意，并试探对方的诚意。

所谓“合作的诚意”，就是指“成交预期”，是指谈判双方都希望能达成的最终的合作。对于谈判来说，谈判双方的成交预期对谈判的走向影响重大，很多谈判出现分歧后走不下去就是因为在谈判的最初，双方就认为对方没有合作的诚意，都打着自己的小算盘。

当我们决定坐上谈判桌时，就表明我们就是希望和对方合作，所以，一定要在谈判开局就向对方传递这个观念。我们传递出这个观念后，还要给出支撑这个论点的理由，来增强可信度。通常这个支撑点是我们做了什么事情来拉高了我们自己的谈判预算。

比如：“章总，很高兴今天能和贵公司的各位领导一起谈谈我们双方合作的事。我们公司非常重视此次的交流，昨天我们特地在公司内部开了一个专题会，组织相关人员一起讨论如何能和贵司更好地合作。今天我就是带着讨论后的建议来参会的，希望我们最后能谈出一个让我们双方都满意的结果。”

很明显，公司内部的会议已经拉高了我方对于此次合作的心理预算，对方在听到我方如此表述的时候，一定会对我方回报信任，这是社会心理学中的互惠原则，别人对我怎么样，我就会对别人怎么样。当谈判双方有了初步的互信后，接下来的交流就不会浮在表面彼此兜圈子，而是会更深入地谈下去。

从另一面来说，我们也要评估谈判对手是否有成交预期。

如果在谈判开局阶段，我们发现谈判对手的表述总是流于表面，遮遮掩掩时，我们可以直接询问对方是否有诚意合作，或者我们通过设置预算门槛（预算门槛的应用在预算章节有过介绍）的方式来考察谈判对手的成交预期。

如果对方的回答不能令我们满意，或者对方达不到我们的预算门槛，我们可以认定对手没有成交预期，这样我们就应该尽快地结束谈判，而不能让对方拉高我们的谈判预算。哪怕没有实现谈判目标，我们也不能随意浪费谈判预算在一个没有诚意的谈判对手身上。此点请大家切记，这就是保持谈判的主动性，我们决不能进入别人的谈判节奏中。

因为对手没有成交预期却还来和我们谈判的目的，就是要把我们作为一个“分母”，去给他们真正希望合作的人来施加“供求优势”的压力。谈判对手和我们的谈判只是一场戏和一次秀，用来演给和秀给他们真正希望合作的一方看。在这种情况下，谈判对手不会真的和我们深入交流，他们要的只是“做做样子”。所以，这种事情我们绝不要去做。

我在做工业品销售时，有时会接到一些询价电话，对方直接问我价格，而不告诉我他们的详细信息，比如公司全称、送货地址、投产时间等。对于这些信息都是遮遮掩掩时，我会告知我们没有详细信息不报价，然后挂断电话，不浪费时间和对方交流。这种情况99%的可能都是对方和一个供应商已经谈得七七八八，对方需要压价，所以想从我这里要到一个低价给他的供应商听。这种事情对我方来说百害无一利，我们绝不要做。

总结下来，在谈判的刚开始，可以聊聊和谈判无关的事情，在对方不介意时，可以询问对方的个人情况。这个过程可长可短，如果谈判双方不太熟，可以点到即止，如果谈判双方已经谈过很多次，那么可以花些时间来聊聊彼此的近况。在开局破冰以后，马上表达对于谈判的诚意，把谈判拉向纵深方向，同时测试对方的成交预期，发现苗头不对，马上撤出。

在开局后，如果谈判双方都表达出参与此次谈判的合作诚意时，就要进入下一个谈判阶段。

动作四：确定议程

一些人在谈判中，习惯开门见山地直奔主题，直接询问对方的报价或者直接告知对方我们的报价，然后开始和对方讨价还价，并美其名曰“提高工作效率”。我并不赞成这种盲目的效率，所谓“磨刀不误砍柴工”，我建议大家在谈判进入纵深阶段时，首先和谈判对手讨论并确认一下本次谈判的主题和议程，然后再开始谈。

这样做的原因还是要保持我方谈判的主动性，而不进入对方的谈判节奏。

此外，设定谈判议程的过程可以看作是谈判双方在进行的一场“迷你谈判”，因为谈判的议程设定一定要双方同意才能是可执行的，所以谈判双方会针对“谈判议程”这个主题进行交流。在这个交流的过程中，谈判双方就可以判断出对方的谈判特点是偏理性还是偏感性，重视细节还是粗枝大叶，追求高效还是按部就班。这样一来，对于后面进入到实质谈判阶段，双方就有了更好的心理准备和应对策略，以免因为双方对彼此风格的不适应，导致摩擦甚至对抗出现，影响谈判最终协议的达成。

谈判主题就是“谈什么”，即在议程中设置有利的谈判议题内容。

谈判双方对于当次会面要谈什么问题先要达成一个共识，这是必须完成的一个步骤。在谈判中，曾有人遇到过谈了半天才知道和对方说的不是一件事这样的情况。虽然这种情况很少见，但开谈前先确认主题会让谈判效果更好，效率更高。

在双方确认议题内容时，要尽可能地设定对我方有利。具体说，有两部分内容一定要放到双方的会谈内容当中。

第一部分是要把我方对于谈判目标中涵盖的内容都要设定到会谈内容当中。

第二部分是要把协议执行阶段可能出现的问题也要设定到会谈内容当中。

对于第一部分的内容设定不难理解。我方的谈判目标是我方谈判的最高指令，因此，我们必须把谈判目标中涵盖的议题放进来，如果不放进来就不会被讨论，不会被讨论，我们就无法达成谈判目标，这是一个前因后果的关系。

比如在劳资谈判的情况下，如果我方最初设定的谈判目标包括薪酬、期权、子女医疗、在职培训、假期等目标，我们在设定谈判主题时就要提出：“张总，我们这次关于市场总监这个职位的沟通，我希望能具体一些，我后面还有几个职位在看。目前咱们这边是我比较倾向的，所以咱们也就不务虚了，如果能谈好，其他的我就不谈了。我想了解下贵公司对市场总监这个职位能给出的具体待遇，包括年薪、绩效奖、期权、子女医疗、在职培训计划（国内还是国外，报销费用范围）、假期等。”

当我们主动提出这些议题内容时，对方就没有办法再回避，哪怕对方提供不了，他也至少要给出他们的答复，而不管对方的答复是什么，我们都有了和对方讨价还价的筹码，这样一来，我方就处于有利的位置。所以，请大家在今后的谈判议题内容设定时保持一个原则：我可以不要，但我不能不提。

第二部分是把协议执行阶段可能出现的问题也要设定到会谈内容当中。

这部分的内容是很多人在谈判时容易忽略的问题，特别是在商务谈判当中，很多人只是注意到商务合同中相关条款内容的谈判，并且认为一旦签署了商务合同，就不会再有谈判发生。但实际上，商务合同的签署不代表双方谈判的结束，恰恰相反，商务合同的签署标志着未来更多谈判的到来。

因为所有的合同或者协议都要被执行，在执行中一定会出现很多之前没有沟通过的细节事项，这些都需要双方来进行确认和讨论。不同于合同谈判中双方正襟危坐，你来我往的情景，执行阶段的谈判更多的是简短的电话谈判和随时随地的非正式谈判。虽然这些谈判简短、议题简单，但如果谈得不得当，也会让买方或卖方，承受很大的利益损失。

我在从事工业品大型设备销售时曾遇到过这样的案例。

在一套大型工业设备销售合同中买卖双方约定：

卖方负责运输设备到达客户现场，并进行施工安装；

买方负责提供满足设备安装的条件，并给予设备安装配合。

由于合同中并没有细化规定工人在安装时的作业规范，以及卖方如何“给予设备安装配合”，导致卖方的施工人员在到达买方现场进行施工时出现很多互相扯皮的事情。而且由于双方人员都不是商务合同的洽谈人员，所以他们都只按照书面规定的要求来执行，凡是合同中没有明确表述过的，他们都互相推给对方执行。到头来，买方由于设备安装的问题没有按期投产，卖方由于设备安装的问题没有得到货款，最终双方的利益都受到损失。

后来，卖方修正了商务合同，补充进了“设备安装”这个部分，在之后的销售合同谈判中，卖方都会把“设备安装”这部分的内容作为商务谈判中必须涉及的一个部分和买方讨论清晰，虽然谈的东西越多，让步也就越多，但至少让“设备安装”这个部分的责任十分清晰，免去了合同执行环节的扯皮现象。

所以，高效的谈判是解决问题，而不是制造问题。当你把越多的“问题”都拿到桌面上来谈时，你就会在协议执行环节遇到越少的“难题”。很多人谈判有个坏习惯，就是希望谈的东西越少越好，谈得越少，就越容易谈拢。我曾遇到一些销售同行总是抱怨公司的合同内容太多，让他们谈起来太费劲，他们都希望三言两语就搞定。我要告诫大家，从我多年的销售和谈判的经验来说，你在谈判时花的时间越长，你在合同执行阶段费的事儿就越少；反之，越容易谈下来的合同，执行阶段越容易出现问题。

谈判议程是“怎么谈”，即在议程中设置有利的议题讨论顺序。

在高效的实战谈判中，除了要和对方确认本次大家会面所谈的内容都有哪些，如果议题过多，还要确定议题的先后顺序是怎样安排的，等等。特别是在多回合谈判中，每次的谈判议题既不相同，却又和之前之后需要讨论的主题都相关，因此，必须有明确的顺序安排。比如中国加入世界贸易组织的谈判，历经十三年，中间虽然有大大小小无数次谈判，但每次谈判都是针对一个具体问题在谈，而这无数次谈判议题的顺序都是经过双方讨论确定下来的。

所以，对于议题的讨论顺序要确定，同时要尽可能地设定得对我方有利。这里有一个“扩大收益 / 减小损失”的技巧，就是我方提前判断整个谈判主题中，哪些是我方有优势的，我们就把这主题提前谈，哪个是我方暂时处于劣势的，我们可以把这个主题拖后谈，当然，也可以混在一起，通过“捆绑策略”一起来谈，具体的方法根据我方对优势的判断来具体做出。但要把握的原则是我方对当次谈判的具体主题是进行过筛选，甚至是经过设计的。

下面的案例就是对于议题顺序的表述：

“王总，您好！很高兴今天能和贵公司各位同人会面，大家一起交流一下我们的合作项目如何展开。鉴于所谈内容较多，各位时间也都非常宝贵，同时我们还要在各自公司内部进行汇报和沟通，我建议我们分三次来洽谈我们的合作内容。今天是第一次，我们用来充分交流双方各自对此次合作期待达成的目标是哪些；下周的第二次会面，我们来交流一下各自能拿出来的资源有哪些；月底的第三次会面，我们来讨论一个初步的合作框架。王总及各位领导，你们看这样的安排是否合理？大家有什么建议？”

在上面这个案例中，对谈判议题的设定顺序之所以把“了解对方的合作目标”作为第一次谈判的主题，就是要确认对方索要的东西我方能否给予，我方想要的东西，对方是否愿意拿出，如果对方狮子大开口，或对方不想拿出我方想要的东西，那我方就可以取消第二次会面，不浪费时间预算，及早止损，免得大家谈来谈去无功而返。

再来看下面案例中对于议题顺序的表述：

“李经理，对于此次商务合同的沟通，我建议分两步走。第一步，您和贵公司法务部的同事先看下我方的合同内容，对于需要我方进一步解释的内容，我们双方先交流一下，先把合同的问题解决掉，然后，法务部的工作就完成了，他们就撤了。第二步，咱们把价格再谈好，然后把数字填到合同里就搞定了，这样效率高，您看怎么样？”

这个案例中对谈判议题顺序的设定重点在于把价格谈判放到合同条款谈判的后面，这样的设定可以让卖方损失最小化，因为在绝大多数合同谈判中，买方都是反复压低卖方价格以后，才回过头来谈合同条款，然后继续反复压低合同条款的约束，这样一来，成交后的卖方几乎没剩多少盈利空间，还要面对拉长的账期和严苛的售后服务约束条款。而把价格谈判放到合同条款后面，就可以把“让价”作为“保条款”的一个交换筹码让出去，比如买卖双方如果对于某几个合同条款有分歧，同时买方希望卖方降价时，卖方就可以让买方选择，要么同意合同规定账期，要么降价，只能选一，这样一来，卖方要么只损失了价格，要么只损失了账期，而不会像原来先谈价格再谈条款时两样都被损失掉。

此外，尽量在设定议程时和谈判对手约定一个有利的协议认定方式。

对于所有谈判来说，最终结果的呈现必然是一个双方都同意的协议，而协议的内容一定是双方共同认可才会生效的。但是谈判是一个谈出来的过程，而协议则是一个写出来的结果，这“一谈一写”之间必然会出现一些偏差，我们要做的就是控制这些偏差对我方有利，所以，关于谈判议程标准的最后一条就是，有利的协议认定方式。

有利的协议认定方式包括以下四点：

第一，对双方已经达成一致的协议内容进行记录，并争取由我方来起草。起草一方有更改描述协议语言的权利，所以，谨慎起见，越重要的协议越要争取自己来起草，这样就从源头避免了对方在遣词造句上挖坑的情况发生。

第二，对双方没有达成一致的协议进行记录，并记录到双方各自最后的让步点在哪里，以便下次谈判能从这里出发开始洽谈，而不用从头开始谈。这样做的好处是避免了对方下次谈判时收回已经给出去的让步，而记录的过程就是封存的过程，当然，如果是我方想收回让步，那就可以不记录，还是那句话，一切以对我方有利为原则。

第三，所有的记录内容在完成后一定要发送给谈判对手留档，最好是在谈判现场就交给对方，让其签字确认，或者是谈判后通过邮件的方式把记录内容发送给对方，这个动作就是保证对方认可记录的内容。

第四，把对方的一些重要表述记录在对方对应的诉求后面，而不只是记录诉求本身。这样做的目的就是把对方的理由“锁死”，让对方未来不会更改，如果只是记录了诉求本身，时间太长后对方完全可以随意更改诉求的支撑理由。

比如，对方说他们的交货周期最短是10天，因为他们的原料物流到厂需要3天，生产需要4天，工厂配送过来需要3天。这时你就要把上面交货期10天对应的时间线细节也记录下来，如果你非常重视交货期，那么就可以更深入地询问原料物流这3天的时间线是怎样安排的，并同样记录下来，作为双方协议备忘录的一部分和未来商务合同的一部分，这样就彻底把交货期10天这个点给“锁死”，让对方没有退路。因为有一些人在谈判时会在一些对方不懂的地方使诈，说出一些有利于协议达成的话，事后他们再随意更改，这就造成了另一方极大的被动。所以，越重要的协议，就越要把对方诉求的支撑性表述记录下来。就像前面的例子，如果对方在交货期10天这个点说了谎话，那么他们很难给出具体的支撑性表述，如果对方能给出具体的支撑性表述，并且比较可信，那么记录下来以后，也会对谈判对手造成“威慑”，让他们必须按照表述的10天来处理交货期的事宜。

然后，在确定了谈判议题，并通过谈判议程给这次谈判立下有利于我方的“规矩”以后，我们就要开始切入主题，直面交锋。

动作五：提问摸底

前面给大家介绍了交换信息阶段的两个动作：开局破冰和确定议程，而本节介绍的“提问摸底”是谈判在进行到交换信息阶段最重要的动作。可以说，如果大家在实战谈判中没有时间来完成开局破冰和确定议程这两个动作时，谈判的结果不会受到重大影响，但“提问摸底”这个动作不做，则很可能会使得后面的谈判整体走向失控。所以，请大家牢记，哪怕谈判时间再紧张，谈判情况再急迫，在谈判的交换信息阶段，也要把“提问摸底”这个动作完成好。

我在本书中反复强调的一个谈判原则就是保持主动，即在谈判中，我方要时刻能够控制谈判的走向，千万不能进入对方的谈判节奏，否则，我方一定会在谈判中受损，乃至吃亏。我们在前面介绍了很多保持主动的方法，但那些方法都是在没有面对面交锋时使用，真正进入谈判的交锋阶段，只有一个办法能让我们保持主动，这个方法就是“提问”。

大家可以思考一个问题：在一场对话中，提问者和回答者，哪一方在控制这场对话？一定是提问者在控制，因为回答者所回答的内容是被提问者设定好的，而不是回答者自由发挥的。我们可以回想一下，在日常生活中，或者在职场工作中，总是那些提问者占据了主导地位，占据主导地位的标志就是有权利提问。

另一方面，很多时候，谈判双方都处在一种信息不对称的情况，即谈判双方对于彼此的信息掌握程度是不一样的，有的谈判者在谈判前收集到了谈判对手的信息，而有的谈判者则没有掌握对手的相关信息，这样一来，在谈判开始时，谈判双方由于信息的不对称就已经开始有了优劣势。因此，为了保证自己不会因为信息的不对称而造成损失，我们就要在谈判中通过提问来补充对于对手信息的缺失。

这就像我们身处一间漆黑一片的房间中，我们做的第一件事一定是“开灯”。我们处在叫作“谈判”的房间中时，提问就是开灯。只有提问，才能让我们看清谈判里面有什么。所以，请大家在谈判中要多提问，多倾听，少回答，当你能不断通过提问来挖出谈判对手信息的时候，就不要停下来，要一直提问。当你发现自己在不断回答对方的问题，不断地“暴露火力”时，要及时用简短的陈述来停止回答，转而向对方提问，把谈判的主动权重新拿回来。要记住，掌握提问权，就掌握了主动权。

为什么说掌握提问权，就是掌握了主动权？

因为我们前面反复强调过，谈判的结果取决于谈判双方的优势对比。很多时候，我们在谈判前并不完全了解谈判对手到底有多少优势，比如谈判对手是否抓住了我方的甜点或痛点？谈判对手是否有备选方案？谈判对手是否比较情绪化？等等。这些信息尽管可以在谈判前通过外围渠道来了解，但都抵不过在谈判过程中，从谈判对手的嘴里了解来得清晰和准确。

所以，我们在确定了谈判主题以后，下一步就是针对某一个谈判主题的内容挖掘，重点就是挖掘谈判对手的各方面信息。我们掌握的关于谈判对手的信息越多，我们就越能控制谈判局面；我们透露给谈判对手的信息越少，就越能避免被客户抓住我们的软肋。因此，我们说，控制了提问权，就控制了主动权。

说到这里，相信大家应该能明白在谈判中应该问什么。

是的，仍然是**围绕对手的谈判五要素中的谈判目标、谈判预算、谈判优势和谈判标准来提问**。通过提问，尽量多地获得上述四个方面的信息，特别是关于对手的谈判优势的信息，用一个词概括就是“摸底”。只有摸透了对方的底，我们才能知道该如何应对这场谈判，才能知道我们之前设计的谈判路线是否可行。

所以，在提问时我们要留意对手的回答，我们要注意把谈判对手提供的信息和我们在谈判前的评估阶段所整理过的，那份写满了关于谈判对手目标、预算、优势和标准的表格进行对比，一是为了交叉验证谈判对手所透露信息的准确性，二是为了查看有哪些信息是之前没有预料到的，来补充完善。

操作“提问摸底”这个谈判动作时有三个注意事项，请大家注意：

第一，提问要有关联性。

有一些学员和我反馈说，在操作“提问摸底”这个谈判动作时会遇到对方的阻力，比如对方不回答问题，对方回答得比较敷衍，等等。其实对方有这些反应非常正常，我们都不愿意面对别人“查户口”式的提问，这种提问会让人非常反感。我们一定要从谈判对手的表述出发来提问，让我方的提问和对方的表述自然而然地衔接到一起，对方就会认为我们的提问是为了更好地理解对方，因此，对方会非常配合地进一步向我们解释说明。

比如，谈判对手在开局的破冰阶段介绍他们过来的交通状况时说：

“我今天过来时路上堵了一个小时，差一点迟到，现在的早高峰真是越来越堵了。”

我方的关联性提问就是：

“是吗？堵了这么久，您在哪条路上堵着呢？您家住在哪里呢？”

我们的提问完全是承接对方的表述而来，对方自然会回答，同时，我们也把能够摸底的问题嵌到里面，这样对方就不会太戒备我们的提问，而会正面回答。

再比如，谈判对手在表达谈判目标时说：

“我们这次的供应商大会只有一个目标，就是要求所有供应商都在原有价格基础上，降价10%，然后重签合同，这是集团的要求，所以，我们把贵公司邀请过来协商。”

我们的关联性提问就是：

“不是吧？这么大的降幅，你们集团是怎么考虑的呢？为什么没有和供应商提前沟通就单方面要求这么大的降幅呢？”

这样的提问完全是为了理解对方“降幅10%”的表述而来，因此对方一定会给出他们更详细的解释。针对对方的解释，我们要继续进行关联性的提问来深挖关于“降幅10%”幕后更多的内容，是针对我们一家，还是针对全体供应商，不答应的话是解约还是执行满原合同再解约，等等。这些信息都是我们在下一步的谈判中必须了解的信息，而能给出这些信息的只有谈判对手，从别的渠道了解的都不如对手给出的全面和详细。但能不能获得全部信息，就要看我们的提问水平。这就是我要说的有关“提问摸底”的第二个注意事项。

第二，提问要呈 T 字形。

很多沟通类和谈判类的书籍在讲到提问时，都会告知读者，提问要从5W1H 入手，即提问从 Where（何地）、What（何事）、Why（为何）、Which（哪个）、When（何时）、How（如何）来展开。这个提问方法没有错，但是问得太浅，我们在沟通和谈判时，如果只是问一些浮在表面的问题，这样我们就可能无法找到对方的核心信息，找不到对方的核心问题，就不能有针对性地攻击，更不能让对方“疼”起来，进而可能会导致我们的谈判出现问题。此外，只问浮在表面的问题也可能会无法识破对方的谎言，无法识破谎言，就会导致我方依据错误的信息做出决策，进而导致我方吃亏，这就是很多人上当受骗的根源。

解决这个问题的方法就是采用 T 型结构来向对手提问。所谓“提问的 T 型结构”，就是指提出的问题由“—”和“|”两个层次的提问构成。

首先，“—”代表了浮在最表面的5W1H 问题。

T 型结构的提问，要求在提问的初始，从5W1H 问题，即从何地、何事、何时、为何、如何以及哪个这六个方面来提出问题，这个阶段是广泛搜集对方信息的阶段。在谈判中，我们要搜集的信息就是谈判对手的目标、预算、优势和标准。

以我们本章的吉姆和冰山队续约谈判的案例来说。

吉姆在谈判初期能够提出的问题包括：

冰山队今年的财政预算有多少（关于“预算”的 What 问题）？

冰山队今年的球队目标是什么，三年内的球队目标是什么（关于“目标”的 What 问题）？

冰山队在三年内会如何使用吉姆，球队的打法是否有改变（关于“优势”的 How 问题）？

冰山队能提出的问题包括：

吉姆打算再打多少年比赛（关于“目标”的 When 问题）？

吉姆对退役后的生活如何打算（关于“目标”的 What 问题）？

其次，“I”代表我们有针对性地选择一些对手的回答来深入到第二个层次来提问。

T 型结构的提问，要求在提问过5W1H 问题后，从对方的回答中找到那些我们认为的重点问题，然后在这个单一问题上进行深挖。通过这样的深度挖掘，我们会发现很多之前没有了解到的对手信息，以及这些信息背后的原因和细节，而这些细节的出现不仅能帮助我们更好地了解对手的核心议题，更有助于我们识破对方的谎言。

这样的 T 型结构相对之前的提问方法来说，区别就在于提问有了聚焦和突破点。这个突破点有时是对方的痛点，有时是对方的优势，有时是对方的预算，总之，我们通过提问的聚焦可以挖掘到对我方来说非常有价值的信息，然后我们去有效地利用这些信息。

通过 T 型问题找到对方核心议题的例子，比如冰山队询问吉姆：

“对退役后的生活如何打算（关于“目标”的 What 问题）？”

吉姆回答：

“退役后希望仍然能从事和篮球相关的职业。”

冰山队认为这个回答非常有价值，就继续深挖：

“具体说是什么职业呢，有大概的设想吗（关于“目标”的 What 问题）？”

吉姆回答说：

“比如球队的管理层或者幕后工作，甚至是教练，因为我非常热爱篮球。”

对这个谈判主题挖到这个程度后，冰山队认为抓到了吉姆的一个甜点——从事篮球相关职业。冰山队可以给吉姆提供这样的机会，而且在吉姆仍然能打球时就可以在业余时间了解一些关于球队运营的内容，这个机会别的球队一定无法提供，这是冰山队的独特优势，而这个优势就是通过向吉姆提问得到的。

当然，由于没有到协商方案的时候，冰山队并没有急着提出这个优势作为方案的一部分，但冰山队已经对后面的方案谈判做好了铺垫。

通过 T 型问题识破对方谎言的例子，比如买方询问卖方交货期。

买方：“你们的交货期需要多长时间（关于交货期的 When 问题）？”

卖方：“大约需要四个月。”

买方：“这么长时间？为什么（关于交货期的 Why 问题）？”

卖方：“我们都是定制生产，接下您的订单后我们才会开始生产，而且物流也比较慢。”

买方："你能介绍一下你们的生产流程吗（关于生产流程的What问题）？"

买方："每个流程需要多长时间（关于生产流程的When问题）？"

买方："你们的物流运输是如何安排的？是哪个物流公司运输？分批运输还是统一运输（关于物流的How、Which问题）？"

买方首先对卖方关于"交货期"的回复产生了疑问，然后对这个问题深入挖掘，最终可以把交货期的细节都放大，这时，如果卖方在交货期上撒了谎，则一定会在回答细节问题时暴露。

所以，我建议大家今后在实战谈判中不仅要谈，还要有意识地、仔细地倾听对手的表述，找到对手表述中有这样几个特点的内容，然后选择聚焦。提问从表层的"—"转而聚焦到更细分的"|"上面。

一般来说，在实战谈判中我们通过倾听对方的回答，重点关注的内容包括，**对方回答中论述较多的内容，对方回答中不符常理的内容，对方回答中关于自己困扰的内容**。

论述较多的内容一般都是对手比较关心的议题，基本可以判定为核心议题，比如母亲们坐在一起谈论最多的一定是孩子，因为孩子的话题是母亲最关心的话题。中年男性坐在一起谈论最多的一定是事业问题，因为事业是这个阶段男人的主要话题，诸如此类。这是找到谈判对手重心的最直接方法，但前提是我们要仔细倾听。

不符常理的内容一般都是对手有"内幕"的地方，我们一定要深挖，以免对手在掩盖什么。比如范伟和高秀敏表演的小品《买猫》，高秀敏卖猫，范伟买猫，二人进行价格谈判时，高秀敏对猫的报价奇高无比，远超出市场价格，这就是谈判中不符常理的地方。对于这种情况，一定要深入了解高报价的原因，如果了解不清，就不要盲目跟进，可以暂时搁置谈判。但小品中的范伟却表示不在乎这个价格，可以接受，因为范伟看到高秀敏给小猫喂食的碗是一件老古董，所以，范伟买猫是为了一块儿拿走碗。可谁知这个古董碗恰恰是高秀敏选择对猫高报价的原因，高秀敏正是利用了范伟买猫拿碗的心理。最终，范伟买了猫，却没拿走碗，白白损失了钱。

带来困扰的内容一般都是我们可以抓住的对手甜点或痛点，对手的困扰就是我们的机会，我们只要解决了对手的困扰，就可以在谈判中交换回我们想要的东西。

T 型结构的提问方法可以帮助我们打开对手的“黑匣子”，可以提供给我们推动谈判前进的抓手，但面对提问后对手回答时给出的大量信息，特别是大型团队谈判时，谈判对手是由多人组成的谈判团队，我们要怎么处理这种回答的信息量呢？这就要说到“提问摸底”动作的第三个注意事项。

第三，提问后要记录。

我们本书的内容介绍的是谈判的通用应对方法，其实不同的谈判类型，在具体的谈判流程上略有区别。

对于大型谈判来说，由于谈判双方都是团队谈判，所以，谈判团队在开始谈判前一定要进行角色分工。一般来说，一个标准的谈判团队要有三个角色，指挥官、士兵和记录员。指挥官是本次谈判内容的决策者，有开启谈判和终止谈判的权力。士兵是本次谈判的主谈者，负责和谈判对手进行沟通交流，但没有决策权。记录员是本次谈判的记录者，负责记录谈判双方所沟通的重要内容。由于大型谈判都是多回合谈判，如果没有专职记录员会造成很多重要谈判信息的丢失，甚至会影响到谈判的进度，所以，谈判团队中一定要有记录员。

但对于小型谈判来说，参与人数较少，有时甚至只有一个人，那么这个人就要同时承担指挥官、士兵和记录员的工作，特别是记录员的工作。

我们说，在“提问摸底”动作的操作中，一定要把对手回答的重点内容进行记录，这些内容既能作为我们下次谈判前进行谈判评估的资料，还能作为日后压制谈判对手的谈判标准。有的公司会把谈判内容做成会议纪要的形式，在谈判完成后要求谈判对手签字，这样做的目的就在于“锁定”谈判对手的表述，让这些表述日后为自己所用。

重点要记录对方关于支撑自己诉求的那些细节性表述，因为我们不断地用T型问题来深入挖掘，所以对手会提供一些细节。俗话说：“言多必失。”当对方表达的细节越多时，就越能透露出对方的一些核心信息，这些信息我们必须掌握。哪怕对方及时停下，没有透露出来，我们也能通过记录的内容，在谈判后分析出对方的那些核心信息。当我们掌握对方的核心信息越多，对方在我方看来就越透明，这就像在“谈判”这个黑屋子里，对方没来得及开灯，而我方已经戴上了夜视眼镜，对方看不到我们的动作，我们看对方却一清二楚。这样的情况下，对方怎么能打得过我们，他们只能干吃亏。

动作六：建立期望

虽然提问对于谈判非常重要，但我们也不能只提问不回答，因为所有的沟通都是有来有往，我们提问，对方也会提问，当对方提问时我们就必须回答。下面，我们就介绍“提问摸底”后的同步动作“建立期望”。

所谓“建立期望”就是通过我方的回答和表述在谈判对手的头脑中建立关于我方的某种期望值，这种期望值用现在网络的流行语来说就叫作“人物设定”。这个人物设定的形象只存在于对方的头脑中，而且是我们有意建立的，所以并不是我们的真实人设，因为我们的真实人设是什么不重要，我们在对方头脑中的人设才重要。我们这样做的目的就是给后面的方案协商奠定一个对我方有利的基础，让我方获利更多，或者损失更少。

在非拍卖场所进行的面对面文玩交易当中，卖家面对买家时，会先让买家查看待交易的文玩，比如一幅欧洲15世纪的油画，然后在买家看画时，卖家会在旁边介绍关于这幅画作的背后故事，画家是谁，属于哪一派风格，第一个收藏者为什么把画传给了情人，而没有给他的子女，为什么画中左下角的人物会比正常人物比例要小，因为这是重新覆盖上去的颜料，最初那个位置画的是一条狗，等等。

卖家的表述都是为了说明这幅油画不仅是一幅画，更是一段传奇，这样才能把画的价格抬高，这是文玩交易行业的惯例，即不讲故事不报价。卖家的故事就是为了在买家头脑中塑造一个带有传奇色彩的画作，一旦买家形成了这种期望，那卖家的高报价就不会显得高，因为卖家会说：“钱再多也买不来传奇啊！”

我们来看一个建立期望的典型案例。

有一对年轻的情侣在周末的跳蚤市场上闲逛，看看能不能淘到什么好东西。他们看到市场边缘处有个小伙子正在擦拭他的敞篷跑车，跑车后面挂着“出售”的牌子。这对恋人便走过去问这个小伙子：

“你要卖这辆跑车吗？”

小伙子回答说：“也不是，早上送朋友来跳蚤市场，想着碰碰运气就挂上了牌子。”

女孩问：“那到底卖还是不卖呢？”

小伙子回答：“哦，卖不卖都可以，不是一定要卖掉。”

情侣俩问：“这是什么意思呢？”

小伙子回答：“我之前想卖掉的原因是想换一辆更大的，马力更足的，因为之前开这车的时候，一直交好运，这两年赚了些钱，所以有了换辆车的想法。”

“那不想卖的原因呢？”

“我刚才不是说了嘛，买了这辆车后，我就一直交好运，所以这是我的幸运跑车，卖掉的话有些舍不得。而且你看，这辆车上的装饰木材是从意大利进口的，车辆内饰是法式风格的，发动机什么的都是美国货，这么好的跑车现在已经很少见了。”

听小伙子这么说，这对情侣有些心动，商量着要不要买下来。

小伙子这时又说："实话说，前两天有人出14万我都没卖，就是觉得这辆车这么好，实在舍不得。"

请大家思考一下，案例中的小伙子到底想不想卖跑车？

他肯定想卖，否则他就会把"出售"的牌子拿掉。

那他为什么告诉这对情侣他不想卖呢？因为这个小伙子是非常有经验的谈判者。他这样说是想把自己塑造成一个"不情愿卖家"，然后他开始解释他"不情愿"的原因，这样，小伙子通过不断地表述，已经在这对情侣的头脑中建立起关于跑车的良好的期望值，最后还给出一个非正式报价。

这就是一个典型的建立期望的案例，就像前面介绍过的文玩交易前要讲故事一样，小伙子在卖跑车前也讲了故事。

不过，在实战谈判中，这个小伙子建立期望的方式存在被对方识破的风险，特别是对于有经验的谈判者来说，一眼就能看透。文玩交易中把这种方式叫作"拿把"，也就是"故作矜持"。所以，如果要想建立一种有真实感的期望，最好的方法是和黑白脸策略结合起来使用。比如在跑车买卖谈判中，小伙子充当白脸，让黑脸扮演"不情愿卖家"的角色，这种的真实感就会很强。如此一来，面对别人的询问，"为什么不打算卖了，还挂着出售的牌子呢？"小伙子就可以回答说："这辆跑车在我们全家一起玩的时候已经显小了，所以我们有必要换一辆更大的。但我爸对这辆车特别有感情，说这辆车给我们全家带来好运，他一直不同意卖，前两天他都把出售的牌子拿下去了，是我又偷偷挂上的。”

在这个回答中，小伙子的父亲扮演黑脸，黑脸不愿意成交，不成交的原因是跑车好，能带来幸运，所以舍不得。这样一来，跑车的高价值被传递出来，再加上黑脸的不情愿存在，小伙子扮演的白脸就有了进攻和防守的空间，而且不情愿的真实感也传递得非常强。这才是操作“设定期望”这个动作时攻守一体的打法，请大家仔细揣摩一下。

当然，这种期望的设定要求谈判者的经验要十分丰富，才能把人设表现得让对方信以为真。如果大家没有经验，把握不好火候的话，也可以通过情绪的变化来给对方建立期望，因为谈判者的情绪能够突出真实感。

我曾在一个项目开发过程中遇到过这种情况。

那是一个大型国有企业对一种大型生产设备的采购，由于这个企业的采购负责人是一个具有军人性格的强势老总，所以，没有哪个厂商做通了他的关系，大家都不清楚他是什么套路，都只能通过在办公室的接触来摸摸他的底。

我们第一次带方案和该老总的交流就被他成功“建立期望”。当时，我们是第一次和他见面，这个老总姓洪，我对洪总说：

“洪总，今天很高兴和您见面交流我们的方案，之前在了解项目情况时一直也没有机会和您交流，今天正好能深入交流一下，以便我们能更好地为贵公司服务，把这个项目做好。”

洪总则表情严肃，不苟言笑，对我的“开局破冰”没做任何回应。

随后，我们就开始交流方案，其间洪总只是偶尔询问一些参数，大多时候都只看方案，看到最后的初步报价时，洪总放下了方案书冷淡地说：

“这就是你们的报价吗？”

我当时有些尴尬地说：“这是初步报价，经过设备参数的确认后，我们会有准确报价。”

洪总接着问：“准确报价也不会和这个差太多，对吧？”

我说：“是的。”

洪总便说：“如果是这样价格的话，我们今天就不要谈了，你们以后也不用过来了。”说罢他把方案书扔到桌子上，起身离开了会议室。

我当时头皮有些发麻，这也太夸张了吧，我从来没遇到过这么不尊重人的公司。当时，其他在场的采购部长和技术部长也有些尴尬，他们也有些尴尬地对我说：

“不好意思，我们洪总脾气不太好。不过，听他的意思，你们的价格太高了，你们看看是不是想想办法？”

我只能表示回去想想办法，然后离开了客户公司。

回去的路上，我总结了方案交流的过程，我发现，洪总对于方案中的设备配置并没有太多意见，对于价格却反应巨大。面对这种情况，为了能继续走下去，我们只能大幅降到成本价，最终，我们拿下了订单。

直到最终合作，我才从客户内部了解到，洪总这种愤怒离席的方式在价格谈判中非常奏效，有的供应商被洪总吓得直接降价20%。其实这都是洪总的套路，洪总通过这些“表演”让供应商在头脑中形成了一种自己报价非常高的印象，哪怕他们的报价并没有很高，但他们也一定会认为其他竞争对手的报价肯定很低，要不然洪总不至于如此生气。

可以说洪总是一个“建立期望”的高手，他通过这种方式让很多供应商很怕和他谈价格，而我后来也遇到过类似于洪总这种“铁面”谈判者，但那时，我已经知道对手的“铁面”是为了建立期望，只要我方手握优势，并猛攻对手的弱点，对手再“铁面”也无济于事。

所以，最好的建立期望不是在一场谈判中就能建立，而是让自己形成这样一种风格，让别人还没开始和你谈判，就耳闻了你的风格，进而主动让步，这就是所谓的“不战而屈人之兵”。

当然，这需要过程，在此期间，我建议大家在每场谈判中，都要在进入实质的报价和协商方案阶段前，就先给谈判对手建立一种期望，为自己赢得一个更好的“身位”。

总　　结

动作三：开局破冰

营造和谐的气氛让对方信任我方，并通过破冰交流表达我方诚意，试探对方诚意；

动作四：确定议程

争取有利于我方的谈判议题，议题处理顺序，以及协议认定方式；

动作五：提问摸底

围绕谈判对手的谈判五要素来提问，同时注意提问要有关联性，提问要呈T字形，提问后要记录；

动作六：建立期望

通过我方的回答和表述在谈判对手的头脑中建立关于我方的某种期望值。

第四步：协商方案

经过前面开局破冰、确定议程，以及提问摸底和建立期望后，我们终于来到谈判的实质阶段。在谈判的这个阶段，我们要完成三个谈判动作，分别是初步报价、确认共识和解决分歧。

动作七：初步报价

初步报价是谈判进入实质阶段的标志，当然，我们这里讲的初步报价一定是经过了提问摸底和建立期望以后的初步报价，因为这个时候，我们已经对谈判对手的目标、预算、优势和标准都有了基本甚至详细的了解，我们已经“打开灯”，看清了房间，而且我们还通过建立期望的方式为下一步的报价占据了更好的“身位”。这时，我们就要采用我方在动作二“路线设定”中已经制定好的进攻路线开始向对方进攻——提出我方的报价，明确向对方阐明我方的谈判目标。

需要指出一点，我们所说的报价是指报出我方的要价，这个要价有时只有价格，比如小商品买卖谈判，有时没有价格，比如家长和孩子的电视使用时间谈判，有时包含了价格，比如复杂的商务合同谈判，所以请大家不要误认为报价就是指报出价格。

对于报价，很多谈判书籍都有重点说明，但有的书会说绝对不能先报价，有的书会说一定要先报价，这让很多谈判初学者感到迷茫，到底怎么报价？

其实大家不用纠结是不是要先报价，只需要记住一个实战报价原则就好，这个原则就是**信息掌握越充分，越要先报价**。

因为报价除了起到推进谈判进程的作用，还有一个重要作用，就是制造锚点，也就是俗称的“锚定作用”。锚定一词源于航海术语，是指当船靠岸时，把锚扔到海中来稳定船只。在谈判中，第一次报价的作用就是把谈判稳定在一个点，这样，谈判双方就会以这个点为起始，开始讨价还价、进攻和防守，最终达成方案，所以先报价就是首先设置一个方案协商的开端。

我们可以回想一下：

当你作为买家报出一个买入价后，你的成交价是不是只能大于等于这个报价？

当你作为卖家报出一个卖出价后，你的成交价是不是只能小于等于这个报价？

所以，一定要重视第一次报价的锚定作用。这样一来，大家就清楚了为什么报价的原则是“信息越充分，越要先报价”，因为当你掌握的信息非常充分时，你就可以通过先报价来把谈判锚定在某个点上，而这个点一定是对我方有利的点。具体来说，报价会有下列三种情况。

情况一：先报价。

如果我们对行业标准很熟悉，对谈判对手的利益、动机和痛点很熟悉，对谈判对手的最佳备选方案也很熟悉，那一定要首先开价。在这种情况下，谈判对手的反应和谈判的走向已经被你牢牢掌握，换句话说，谈判对手已经被我们吃定了。因此，尽早开价，然后尽早结束谈判。这种情况多见于在一个行业浸淫很久的业内人士面对他人的谈判时，这时候无论另外的人是不是业内人士，都不可能从报价人这里占到任何便宜，所以，这个时候先报价没有任何坏处。

这就像我是一个研究了几十年古玩玉器的鉴赏家，对方是一个刚入门的古玩爱好者，这时对方要从我手中买东西，那一定是我来先报价，在这种情况下，我一定会报出一个高价，然后用艰深的古玩知识“砸晕”对方这个菜鸟，因为我知道对方和我根本不是一个量级的选手。

情况二：不要先报价。

如果我们对谈判对手的信息掌握不够理想，特别是对于谈判对手的优势信息以及标准信息搜集得不够充分时，一定不能先报价。相反，在这种情况下，我们要等待对手报价，因为对手的报价本身就包含着重要的信息。

当对手报出价格后，我们会根据这份报价，来大致判断对手的利益和谈判预期。同时，我们依据对手的报价可以进一步提问，来挖掘更多的信息，比如这个报价附带哪些条件、付款周期怎样、交货周期怎样等信息的挖掘会弥补谈判前对信息搜集的不充分。然后，我们再依据自身的利益、谈判目标来和对手协商最终的成交价格。

但这种等待对方报价的方式有一个问题，就是可能会遇到我方不报价，对方也不报价的情况，那如何应对呢?

这个时候就看哪一方更占优势，占优势的一方不怕因为双方都不报价而引起的谈判拖延或谈判破裂。所以，如果我方占据优势，那么我方就可以等到对方报价。如果我方不占优势，那么在这种不得不报价的情况下，为了最大限度地避免我方因为信息掌握不充分而导致的报价不妥，进而造成谈判被动的局面，我方可以采用范围报价法或案例报价法，来给自己争取一个进退自如的空间。

范围报价法就是给出一个价格范围，而不是一个具体的价格。比如告知对手我方的价格在5000元到8000元之间，具体报价需要参考对手的详细需求参数。这样一来，我们就有了一个借口可以和谈判对手进一步交流，来获取对方更多信息，这就是弱势谈判中的“以退为进”。这个时候谈判对手基本都会透露更多信息出来，我们再根据这些信息，来进一步调整上面那个报价范围。

案例报价法就是给出和谈判对手各方面情况比较接近的一个合作方的价格，然后同样还是声明由于信息不足，只能先给出这种参考性价格，如果这时对手“不怀好意”，听到我们报出的是一个低价后，马上说，我们就要这个价格，这个时候，我们就像操作上面的范围报价法一样，告知对方，我们要看看对方的详细需求参数是否和曾经按这个报价成交的合作方一样。这样一来，我们就获得了解对方详细信息的机会，所以案例报价法的好处是既给出了报价，又没有给出具体的报价，为自己后面的操作留出了空间。

情况三：先报价。

如果我们对于信息有一定程度的掌握，但不够充分到控制整个谈判进程时，我们也可以首先开价，但这次的开价和第一种情形下的开价不同之处在于，这种情形下的开价的目的是引导对手按照我们的思路来看待报价。

原因在于，我们前面讲过的，首先开价的一方会为谈判设定“锚点”。研究显示，我们所选择的参照点，会极大影响我们的估价和决策，即使这些参照点本身没有依据。例如，我们告知某人一个任意数字，然后再让他估算某条河的长度，他通常会把我们告知他的那个数字作为参照点，尽管这个数字和这条河的长度毫无关系，但却会对他看待问题的方式产生重大的影响。心理学中把这种现象称为“心理锚点”的作用。

因此，在谈判中首先开价会为谈判报价设定一个基准点，也就是“锚点”，而后续的谈判会围绕这一“锚点”展开。因为“锚点”的作用在于降低对手思维的灵活性，对手更聚焦在现有报价和方案的讨论，而很少会寻求其他方案的可能性。

动作八：确认共识

在动作七“初步报价”以后，谈判双方基本都会出现对于报价和方案的意见分歧，比如买方会认为价格高，卖方会认为价格低。这样一来，双方就会开始讨价还价，来通过协商弥合双方之间的分歧。

不过，在解决分歧以前，还有一项工作需要完成，这就是“确认共识”，这是整个谈判过程的第八个动作。这个工作不做，后面的动作九“解决分歧”也就没法完成，因为不管谈判双方的分歧有多大，我们都要看一看，在初步报价以后，双方都给出了自己的诉求和解决方案，谈判双方都有哪些共识。

找到这些共识后，再去看看共识背后的共同利益是否能够支撑谈判双方愿意去解决掉共识以外的分歧，这将是谈判能否走向成交的决定因素。以合同谈判为例，假如整个合同有10个条款，包括价格、交货期、付款条件、交货条件、违约责任等内容，那么，当谈判双方在10个条款都有分歧，没有一点达成共识的情况下，谈判将很难再走下去。当谈判双方在9个条款都有共识，只有一个条款有分歧的情况下，谈判会很大概率地走下去，谈判双方也会努力去解决掉有分歧的那一个条款。

所以，当谈判双方都交换了各自的报价和方案后，我们要马上去确认那些双方能够达成一致的地方，然后呈现出来，让双方都能看到，这样，谈判双方就会评估一下是否有继续谈下去的必要。如果双方都认为共识大于分歧，那么接下来，就会真正走到“解决分歧”这一步。

在和客户遇到分歧时，我都会把客户的思路引导到我们双方的共识上面，反复和对方确认共识，尽管之前已经确认过，但当我们再次确认过共识之后，客户也会认识到过于坚持己见只能加大双方的分歧，这样下去，谈判双方的共同利益也将无法实现。

这就像我们劝正在闹离婚的两个人，我们一定是让他们回顾他们在婚姻中的共同利益，比如孩子、财产，然后在两个人认知到这些共同利益以后，再来询问他们各自可以做出哪些让步来弥合双方的分歧。大多数时候，这个方法都十分奏效。

我们在谈判中有的时候会因为双方报价存在差距，诉求存在冲突而产生一些个人情绪。我们在前面的情绪优势章节介绍过，人体的“蜥蜴脑”部分会因为情绪而自动触发某些行为，那么谈判中如果产生了愤怒的情绪，则会触发终止谈判的行为，而能把“蜥蜴脑”的感性情绪拉回到人类大脑的理性情绪的方法，就是给谈判双方展示他们之间的共同利益。

比如，我在和客户因为价格出现分歧时，会不断和对方强调：

“我们都非常希望和对方合作，您这边需要我们的产品，我们需要您这样一个有发展前景的客户，我们的合作，对双方的未来都非常有帮助，现在只需要讨论出一个能让双方接受的价格来就可以。”

我通过确认共识这样的动作来给对方造成一种似乎已经开始合作的假设，来引导客户一起和我们想办法解决分歧。

在前面的登门槛策略章节，我曾介绍过和灯芯企业的洪总进行调价谈判的案例。这个案例中，我一直也没有和洪总按照对立的双方来进行谈判，而是以和洪总站在一边这样的角度来开启谈判。我和洪总有共同利益，现在我们要一起去面对公司的调价政策，我要和洪总商量出一个办法把这次的调价难关渡过。以这样的视角和洪总谈判的结果一定是洪总没办法难为我、拒绝我，因为我从来也没有站在洪总的对立面。这个方法是我和那种长期客户谈判的标准打法，这种长期客户由于关系比较良好，非常适合以“确认共识”的方法来开启谈判。

所以，请大家牢记一条谈判真理，即阻碍我们和谈判对手的绝对不是我们之间的分歧，而是我们共同面对的问题，我们的分歧只是我们在解决这个问题时给出的不同答案，我们的共识是我们都想解决这个问题。大家不仅要自己形成这种谈判意识，更要在谈判中不断传递给对方，这样一来，对方就不会成为你的对手，他就不会坐在桌子的对面，而是会走到我们旁边和我们手挽手一起开始想办法解决双方的分歧。

这样一来，我们就可以进行到第九个动作，也就是谈判过程中的最后一个动作——解决分歧，我们就可以把几个解决分歧的方法拿出来和对方一起讨论使用哪种方法让对手能够接受。这种和对手一起携手解决分歧的谈判理念会大大减少大家在谈判中遇到的阻力，并且也能使双方最后形成的方案得以有效执行。

动作九：解决分歧

在确认过谈判双方的共识以后，整个谈判就会进入到对抗性最强的部分——解决分歧阶段。可以说，谈判实际上就是在解决谈判双方的分歧，因为没有分歧的谈判就不是谈判，是一面倒的服从，是一声令下的命令，所以，解决分歧是谈判的最后一个动作，同时也是谈判最难的一个动作。

我接触过的很多学员都是因为无法解决分歧，才会来向我求助，如果他们能够很容易地和谈判对手达成一致，他们绝不会学习谈判技巧。我相信正在阅读本书的读者朋友也可能是因为过往谈判中，在解决分歧时留下的不愉快经历促使大家来阅读本书。在这里，我会分享如何在谈判中解决分歧，和谈判对手达成一致，请大家仔细阅读，并结合自己的谈判经历进行揣摩和演练。

我们回到这个核心话题——对于谈判的分歧点如何处理？

请大家记住解决分歧的六字原则：**“多合一，一分多。”**

所谓“多合一”是指当谈判双方的分歧点涉及多个议题时，就要把这多个议题合并成一个议题来解决。所谓“一分多”是指当谈判双方的分歧点只有一个议题时，就要把这个分歧点拆分成多个议题来解决。

下面我们分别具体介绍这个六字分歧处理原则在实战谈判中的使用方法。

首先，我们来看看“多合一”的原则如何应用到实战谈判当中。

1. 多合一之切割与捆绑

一般来说，在复杂谈判或金额较大的谈判中，谈判双方会对协议条款审核得更慎重，所以会产生有多个分歧点的情况。

对于存在多个分歧点的谈判，我们要分为两个步骤来处理。

第一步是“切割”，即把分歧点从整个谈判中切割出来，这就像我们在考试中先把不会做的习题圈出来一样。

当谈判双方存在多个分歧点时，切忌逐个地针对分歧点谈判，而要把这些分歧点打包成一个整体来谈。逐个分歧点的谈判会严重影响谈判进度，同时会造成我方利益的更大损失，而把分歧点打包来谈既能加速谈判进度，同时又能最大化地保全我方利益。

在“切割”时，可以这样表达：“王总，这是我方为我们这次合作草拟的协议，您和您团队成员看一下，没有问题的就过掉，需要进一步讨论的请标注出来，我们把重点放在这些议题上，您看一下，我们半个小时以后开始讨论，谢谢。”

第二步是“捆绑”，即把所有分歧点打包成一个议题来统一处理，而处理的策略就是捆绑策略，即用我方可以让步的分歧点来捆绑我方不可以让步的分歧点，让这个被打包的议题一次性和对方达成一致。

所谓“打包来谈”，就是把所有分歧点摊开来，和谈判对手协商看看大家彼此让步一下，假如存在六个分歧点，我方可以让步三个，然后要求对方让步三个，这样就一次性把六个分歧点全部解决，或者我方让步四个，对方让步两个等，具体的让步情况可以根据谈判现实情境来决定。但我们的原则一定是用我方对于分歧点的让步来交换对方的让步，最后让这些分歧点被双方共同地一次性地消化掉，而不能 One By One 地一个个谈。如果一个个谈，则存在我方在每个分歧点都让步的可能，我们要在一开始就规避这种让我方利益受损的可能。

此外，“切割”这种方式同时也是一个谈判评估的方式。当你在切割以后，如果发现谈判双方对大多数谈判议题都有分歧，少有共识，那么双方继续进行谈判的可能性就会变得越来越小，我方也就能尽快地从这场注定没有结果的谈判中抽身而走，而不会被对方“拉高预算”，进而做出不利于我方的决策。

2. 多合一之增加条件预算

还有一种方法可以加入到“多合一”的分歧处理当中，就是把我们在谈判预算中准备的条件预算加入到这个“多合一”的打包议题里面。

所谓“条件预算”，就是可以放给对方的条件，而放给对方的时机就是在和对方出现分歧的时候，需要对方给予让步的时候，我们把事先拟定好的条件预算拿出来交换对方的让步。一般来说，在出现多个分歧点以后，我们会先用打包的“多合一”议题来和对方进行协商，看看彼此都需要做出哪些让步才能达成一致。但有的时候，我们在多合一以后，对方要求我方让步太多时，比如六个分歧点，对方让我们让掉五个，这时我方不想让步这么多，我们就可以把条件预算拿出来，给到对方，看看对方是否买账。如果对方买账，我们则要求不要让掉五个分歧点这么多。

这里对条件预算的使用重点在于，跳出了原有分歧点的讨论，把事先你定好的条件预算“糅进”整个方案当中，进行一个更大范围的“多合一”。这样做的好处在于不再就事论事，把谈判双方难以彼此让步的条款放下，加入一个新的变量来平衡整个谈判。再回到原有分歧点中时，我们就可以要求坚持我方不愿让步的分歧条款，因为有了新变量的平衡，对手更容易同意我方的诉求，进而达成一致。

3. 多合一之拉高预算

如果谈判对手不接受我们打包分歧点的建议，而坚持要一个一个谈，怎么办？

常规做法还是看哪方占优势，如果我方占优势，则没必要听从对方的意见，我方只需要坚持我方的要求就好。如果是对方占优势，则可以先坚持一下打包来谈的建议，同时和对方强调这种方式可以减少时间等好处，看看对方是否买账。如果买账则我们继续上述打包分歧点的操作。

如果对方还是不买账，我们就先同意一个一个谈的做法，但我们在实际洽谈时，要对每一个分歧点都锱铢必较，这样做的结果就会大大拖慢谈判进程，同时给对方建立起我方比较难缠的预期。然后在谈过几个分歧点后，我们可以转守为攻地跟对方表达：“您看，咱们双方谈判一定要在公平合理的基础上进行，但现在我们都做出三次让步了，您这边一次让步都没有，这也太不公平了吧？您说呢？这第四个条款，您也应当多少让一些吧？”

一般来说，这样表达后，对方都会从心理补偿的角度给我们一些让步，在这个时间节点上，我们要趁热打铁地再次向对方提出把余下的分歧点打包洽谈的建议，同时表示可以参照已经进行的“三换一”的让步原则，对下面的分歧点同样采用“三换一”，或者“二换一”的让步原则来一次性解决，这时，对方基本都会同意。当对方同意后，我方可以用之前预设的非核心议题的让步来换取对方同意我方的核心议题。哪怕是三换一的方式，我方只要完成了核心目标，我们的谈判就是成功的，而且三换一的方式会很好地掩护我们的核心议题，让对方很难在核心议题上难为我们。

4. 多合一之最大公约数

针对谈判对手不同意我方采用“多合一”打包分歧点，坚持要一个一个来谈，甚至出现分歧数量多于共识数量的情况，还有一种处理方法就是采用最大公约数法。

最大公约数法，又被称为“框架细节法”，即当谈判双方分歧点较多时，双方就不再继续讨论条款细节，而是进行原则性的谈判，取一个双方都可以接受的最大公约数来先把方案的整体框架搭起来，这样做的好处是让谈判双方都可以看到对方愿意合作的诚意，同时也能有助于框架下细节的洽谈，因为原则可以约束细节。

周总理在万隆会议中就非常好地运用了最大公约数法，解决了与会各国的参会诉求分歧情况。

在1955年的万隆会议中，以新中国为代表的社会主义国家受到了亲美国家的多次批评和攻击，特别是大会开始不久，个别国家的代表的发言直指“共产党已经创造了一种新型殖民主义”，并号召非共产党国家“认真对待共产主义危险的严重性”。

周总理面对这种所谓的“共产主义威胁论”，在大会接下来的发言中第一句话就是，“中国代表团是来求同的，不是来立异的，中国代表团是来求团结的，不是来吵架的。”周总理“求同存异”的提法，一下让大会空前紧张的气氛松弛了下来。接下来周总理在发言中表达了对他国意识形态的尊重，也表达了中国的立场，但主旨都是在表达万隆会议的主旨不是一次意识形态的辩论，而是亚非国家寻求合作发展的一次良机。

在七天的会议讨论阶段，参会国在意识形态、宗教信仰、经济发展诉求上有着诸多的分歧点，特别是在看待“共产主义是不是新殖民主义”上面争论最为激烈。不过，大会最终听取了所有参会国的诉求，最大限度地总结了被一致接受的处理国际关系的10项原则。而这10项原则正是按照周恩来总理“求同存异”的提法，高度提取概括出来的国际关系原则。

可以说，这10项原则是亚非会议最终方案的大框架，此后亚非各国之间的谈判大多都基于这个大框架进行细节协商。但如果没有这个大框架，亚非国家一定还是一盘散沙，无力在国际事务上抗衡老牌殖民国家。

可见，最大公约数法是解决谈判双方分歧点众多的一个非常实用的方法。不过，这个方法是一个过渡方法，因为最大公约数法解决的是谈判双方合作的原则，并没有给出合作的细节，没有细节就无法落地执行，所以，最大公约数法的使用一定要有后手，要有细节性的谈判，这是大家需要注意的一点。

综上所述，上述几种方法就足可以应对实战谈判中使用多合一原则处理分歧点的情况，请大家结合自己过往的谈判经历代入情景来深入思考一下。总之，使用“多合一”这个重要原则时，我们要懂得这个原则的精髓在于不要逐个洽谈分歧点，一定要引导对方和我们做一个打包交换，可以用分歧点本身交换，也可以用我们之前准备好的条件预算交换，也就是用我方不重要，但对方看重的利益，捆绑我方重要的利益来和对方交换，一次性解决所有谈判分歧。

在了解过“多合一”原则以后，我们再来了解一下“一分多”的原则如何在实战谈判中具体操作。

谈判双方在方案协商阶段只有一个分歧点的情况并不是很多，大多数情况下，谈判双方都会出现两个或两个以上数量的分歧点。不过很多分歧点由于都不是核心议题，谈判双方比较容易达成一致，最后一般只剩下核心议题这个“难啃的骨头”，比如价格。所以我们这里所说的只有一个分歧点并不是严格意义上的真的只有一个分歧点，而是指经过协商和让步后只剩下一个双方都不愿意让步和妥协的分歧点的情况。

1. 一分多之拆分

在谈判双方面对同一个分歧点彼此都不愿妥协时，谈判很容易走进死胡同，比如价格分歧，买方坚持100元成交，卖方坚持120元成交，其他条款都已经达成一致，但在价格上，买卖双方谁都不愿让步这20元。一般来说，如果这种分歧持续下去，没有一方妥协，那么谈判双方最终将会离开谈判桌。这个时候，如果有一方不想离开谈判桌，同时也不想让步，那么可以采用“一分多”的原则来处理这个分歧。我们可以把一个分歧议题通过拆分的方式变成多个议题，然后在多个议题上再采用处理多个分歧点的“多合一”原则，即谈判双方通过在多个议题上的互有让步来达成最终的成交。

2011年，美国国家橄榄球联盟（NFL）球员和老板之间的劳资谈判在经过多回合的拉锯战后，解决了几乎所有分歧，只剩下“收益分配比例”这一个分歧点。

球员代表的诉求是：将当年全部收益按50%的比例分配给球员和老板。

老板代表的诉求是：将当年全部收益先拿出20亿美元给老板，剩下收益的58%分给球员，这样折算到全部收益里面就是，球员拿走的总收益不到48%。

至此，球员和老板之间的谈判就停滞在收益分配上面，双方都不让步。

就在双方已经放弃谈判，转而对簿公堂，申请由美国国会给予仲裁时，国会的调停代表帮助劳资双方接受了一个新的收益分配方案，这份新方案中，劳资双方一致同意把总收益划分为三个部分：转播收益、企业收益和球员收益。

球员收入：NFL转播权收益的55%，NFL有关企业经营收益的45%，球馆收益的40%。

老板收入：NFL转播权收益的45%，NFL有关企业经营收益的55%，球馆收益的60%。

这个方案被劳资双方所接受，并成为执行到现在的NFL劳资收益协定。

我们来回顾一下这个案例，这个案例中劳资双方在收益分配上的分歧十分对立，虽然双方的诉求相差在2%左右，但换算成收益则高达10亿美元，因此哪一方都不会轻易让步。所以劳资双方最后申请美国国会给予仲裁。

调停代表采用了“一分多”的分歧处理原则，把NFL的总收益拆分为三块子收益来重新分配，让劳资双方不再面对一个总收益彼此角力，而是转而关注球赛转播收益如何分配，NFL企业收益如何分配，球馆收益如何分配。这样一来，劳资双方的关注点就出现分化。

球员方面更关注比赛的转播收益，因为球员们各自都有一些品牌代言，这些品牌代言要求球员有一定的曝光度，而且，球员们认为正是由于自己的影响力才会吸引粉丝们狂热地观看比赛，所以球员们认为他们理应获得更多的转播收益。

老板方面更关注 NFL 企业收益和球馆收益，因为这些部分是老板投入更多的部分，老板们认为球员对于 NFL 企业（比如 NFL 周边产品制造企业等）和球馆没有任何投入，也没有参与维护运营，所以老板方面理应获得更多的 NFL 企业收益和球馆收益。

这样劳资双方通过交换彼此更关注的部分，即球员获得更多转播收益，老板获得更多 NFL 企业收益和球馆收益，很容易地达成了协议，双方没有再出现严重的分歧对立。

这是一个典型的“一分多”分歧处理案例，这个真实案例值得我们大家借鉴到自己的实战谈判中，即当谈判双方出现分歧时，首先切忌产生对抗情绪。对抗不仅不能解决问题，还有可能把问题引向失控的方向，正确的做法是引导对方也不要把关注点陷入“分馅饼”的思维当中，而是双方一起思考这个分歧点是否还可以进一步划分成更多的“小馅饼”。这样一来，谈判双方就可以通过彼此交换自己需要的“小馅饼”来解决分歧，达成一致。

2. 一分多之单边让步

当谈判双方只有一个分歧点时，会有两种情况不太适用“一分多”的处理原则，一种情况是有一方不愿意拆分这个分歧点，一种情况是这个分歧点没办法拆分。

我们先来看不愿意拆分分歧点的情况。这种情况的出现一般都是谈判双方优劣势明显，而且双方都承认自己的优劣势，那么强势一方就没有必要做出让步和妥协，而是完全可以用谈判优势迫使对方在这个唯一有分歧的议题上做出让步。

有人可能会问，那么为什么之前谈判中弱势一方不妥协，而一定要坚持这个谈判分歧点呢？因为，有的时候弱势一方是没有看清形势，认为自己并不弱，所以他们会坚持。有的时候弱势一方是想试探一下强势一方，看看强势一方是不是知道自己占优势，如果强势一方不知道自己占优势，那么弱势一方就可以不做出让步。所以，当只有一个分歧点时，还是要先亮亮自己的优势，去迫使对方做出让步。

古典名著《水浒传》中，梁山一百单八将的首领宋江，一心想被大宋朝廷招安，经过种种努力，朝廷终于同意招安梁山好汉。双方的第一次招安谈判就此展开，当朝廷的谈判代表殿前太尉陈宗善拿出朝廷的招安方案时，梁山好汉们都愤怒异常。

朝廷给出的方案是：

第一，指明身份，梁山的众人都是有罪之人；

第二，指明出路，招安后，梁山众人可以免罪，但要马上拆掉梁山上诸如“聚义厅”这些建筑，并把钱粮上交给朝廷；

第三，指明后果，如果不接受两个招安方案，那朝廷就会派兵清剿梁山。

宋江为代表的梁山好汉希望的方案是：

朝廷能够对梁山好汉们免罪，并且封官。

看得出，在第一次招安谈判时，双方的方案存在严重分歧。

双方对这个巨大分歧的解决方法就是——PK一下，看看谁的拳头硬，谁能把谁打疼，最后，疼的一方就是弱势一方，弱势一方就一定会单边让步。

于是，朝廷命令大宋朝“国防部长”枢密使童贯带兵10万攻打梁山，双方在梁山脚下展开厮杀。最终，朝廷一方以损兵6万人的结果失利，童贯败退。太尉高俅接替童贯再次出兵梁山，结果三战三败，甚至连高俅都做了梁山好汉的俘虏。

最终，朝廷提出第二次招安谈判，朝廷代表太尉宿元景宣读了朝廷调整后的招安方案：

第一，指明身份，梁山众人都是良民，因为好汉们都有忠义报国之心，就算以前有过犯罪记录，也都是正当防卫，所以，朝廷决定免除梁山好汉的一切罪行；

第二，指明出路，梁山众人即刻到朝廷报到，朝廷会有重用，为表示诚意，朝廷先给出“定金”——金牌36面，银牌72面，红锦36匹，绿锦72匹，御酒108瓶。

宋江等众好汉欣然接受了这一版的招安方案。

我们看，在梁山和朝廷的招安谈判过程中，梁山的方案始终没有做过调整，梁山也没有给出任何让步，而大宋朝廷的方案从第一次到第二次，让步巨大，这就是典型的因为弱势而让步。朝廷愿意单方面让步而不索要回报，正是因为之前在双方的PK中，朝廷被彻底打疼，梁山抓住了朝廷的痛点，占据了绝对优势。

在实战谈判中，我们可以采用单边让步法来解决唯一分歧点问题，但解决的前提就是让对方看到我们是手握优势的一方，如果对方看不到，对方是不会单边让步的，所以，我们在谈判过程的动作二“路线设定”时，就明确提出，谈判的进攻路线首先就是亮明优势，这样才会保证后面的进攻效果。

在梁山和朝廷第一次招安谈判时，梁山军师吴用就曾在朝廷谈判代表上山前断言“论吴某的意，这番必然招安不成，纵使招安，也看得俺们如草芥”。吴用智慧过人，他明白梁山在没有亮明优势以前，根本无法拿到朝廷最好的方案，所以吴用给宋江的建议是，“等这厮引大军前来，杀他个人亡马倒，梦里也怕，那时再受招安，才有些气度”。吴用要亮一亮梁山的优势，然后再开始具体谈招安方案，但宋江不听，怕怠慢了朝廷。可事实证明，吴用的预言是正确的。

3. 一分多之设置触发条件

我们再来看看另一种情况，分歧点没办法拆分的时候怎么办。

2018年夏天，美国职业篮球联赛（NBA）的休斯敦火箭队中锋球员克林特·卡佩拉成为自由球员，他面对和老东家火箭队的续约谈判，同时他也可以选择和联盟其他球队签约。火箭队希望能续约卡佩拉，卡佩拉也希望能够继续为火箭队效力。因此，火箭队管理层和卡佩拉的经纪团队在洛杉矶就续约一事进行了谈判，因为在新合同的薪水金额上产生了分歧，谈判双方一直没有达成一致。

卡佩拉的诉求：5年一亿美元。

火箭队的诉求：5年8500万美元。

卡佩拉团队和火箭队在反复协商后，双方对于合同金额的差距基本维持在500万美元左右，此时，双方都比较坚持，谈判一度暂时搁置。

由于卡佩拉和火箭队是进行续约谈判，因此，谈判双方对于原有劳资合同条款都没有异议，唯独只有合同金额一项存在争议，而这个合同金额也没法拆分成类似 NFL 案例中的转播收益和球馆收益等，因为 NFL 的劳资合同和 NBA 的劳资合同并不相同。

对于这种没办法拆分分歧点的情况，有一种方法可以解决，即在方案中设置和分歧点有关的触发条件，使得谈判双方的诉求都可以满足，即分歧点仍然存在，但会根据触发条件而指向某一个具体的结果。简单地表达就是，满足条件 A，则满足甲方的诉求，满足条件 B，则满足乙方的诉求，所以甲乙双方的分歧仍然可以保持，但要和触发条件捆绑才可以。

如果是在合同中设置触发条件，那么这种合同有一个专有名词——相机合同（contingent contract），此处的相机是相机行事之意。所谓“相机合同”是指谈判双方通过在合同中设置一个触发条件来满足双方在分歧点上彼此之间的差距，触发条件发生与否都会指向某一个条款，进而来弥合谈判双方在分歧点上的差距。

在卡佩拉和火箭队的续约谈判中，双方就通过签署一份金额为5年9000万美元的相机合同解决了在合同金额上的分歧。

关于合同金额的具体约定为：

1. 总金额9000万美元中的8000万美元为全额保障薪水，没有触发条件。

2. 余下的1000万美元的薪水附带触发条件。

条件A：如果火箭队进入西部决赛则奖励100万美元；

条件B：如果卡佩拉的赛季防守篮板率达到30%奖励50万美元；

条件C：如果卡佩拉的赛季个人罚球命中率达到65%以上奖励50万美元。

这样算下来，满足全部三个触发条件则单个赛季可以获得200万美元奖励，5年总和就是1000万美元。

在这个案例中，火箭队通过设置触发条件的方式弥合了双方之间在合同金额上的差距。而对于触发条件的协商又回到了本章节提出的“一分多”原则，也就是说，虽然分歧点无法拆分，但我们可以采用设置触发条件的方式来弥合分歧点的差距。这样一来，我们依然可以变相地把分歧点拆开成多个可以协商和彼此让步的触发条件，就比如火箭队设置的三个触发条件都是经过和卡佩拉团队反复协商后确定下来的，绝不是火箭队单方面设定的，所以本质上仍然是在按照“一分多”的原则来操作。

在实战谈判中，设置触发条件的相机合同最常使用的情境，就是当谈判双方因为对于未来风险的认知不同而产生分歧的时候。比如在创业公司的融资谈判当中，融资方对市场前景信心满满，因此希望资金多多益善，而投资方则对市场前景有不同看法，因此对融资方的资本回报率有一定质疑，所以不希望投入太多资金以规避风险。一般面对这种情况，谈判双方会签下一份相机合同，把融资方的增长率设置为一个触发条件，当增长率达到某个数字时，按照市场利率来给付投资方回报，当增长率达不到某个数字时，则要加倍给付投资方回报，而关于如何加倍，谈判双方会根据双方的情况来明确一个具体数字，最常见的就是用融资方的股份来赔付投资方。因为双方设置的触发条件完全取决于市场前景，而市场前景并不确定，所以这份相机合同就带有一种赌博的性质，因此，资本市场上就把这种融资协议称为“对赌协议”。

这种可以叫作“对赌协议”，也可以叫作相机合同的设置触发条件的方法，给我们拓展了谈判思路，非常有助于我们的日常操作。因为一般人在遇到难以拆分的分歧点时往往就会放弃谈判，这就像一座独木桥上有两个人面对面相遇，谁也不愿意让步，最后只能谁也过不去，而设置触发条件的方法就会把谈判双方的视角从分歧点上转移走，转而通过设置让谈判双方都感到公平的条件来达成自己的谈判目标，这就像独木桥上的两个人，他们上桥的目的是过桥，而不是为了挡住某个人的路。

上面是实战谈判中用来解决谈判双方意见分歧“多合一、一分多”原则的具体使用方法，这两个原则可以单独使用，也可以结合在一次谈判中使用，这个大家可以灵活掌握。

不过，这个阶段有一个重要谈判点我要提醒大家，不要因为我们有了和谈判对手解决分歧的方法，也不要因为谈判谈得太艰苦，就放松我们对于解决分歧的话语权，概括来说就是，**不要轻易结束谈判**。

因为一旦你结束了谈判，同意在方案上签字时，你就将失去未来争取自己权益的机会。因为只有在谈判时，谈判对手才会真正地去考虑是否要满足你的诉求，当方案达成以后，谈判对手就将会无视你的任何诉求，对方会说“我给过你机会啊，当初我们谈的时候你怎么不说呢？”谈判中所有的让步都有时效性，一旦错过时间点，我们曾经做出的让步在对方眼里就不再有任何价值，这个时间点就是谈判结束，双方成交时。所以，我们在本书中始终强调，在每次谈判中都要让我方的谈判收益最大化。

所以，重视每一次谈判，把自己的优势最大化利用，哪怕带不来当下可见的权益（实战中不是每次都能收获满满），也能作为“测试气球”来检测我们和谈判对手之间的优劣势对比到底有多大，这对我们下一次的谈判有很重要的指导意义。

总　　结

动作七：初步报价

是否先报价取决于我方对信息的掌握程度，对信息掌握越充分，越要先报价；

动作八：确认共识

要不断地和对方确认共识，因为共识背后的共同利益能够支撑对方愿意去解决掉共识以外的分歧；

动作九：解决分歧

解决分歧的六字原则是“多合一,一分多”；

多合一的处理方法有切割和捆绑、增加条件预算、拉高预算、最大公约数；

一分多的处理方法有拆分、单边让步、设置触发条件。

后记

让普通人谈判不再吃亏

本书的撰写缘起我的一个朴素理想——让普通人谈判不吃亏。

2018年是我国改革开放40周年。这40年间，国家从物资匮乏发展为物资极大丰富，每个普通人的生活都有了很大的变化，我们国家也整体有了浓厚的商业氛围，近些年的大众创业就是最好的证明。

我本人从事销售职业十多年，接触了非常多的国内外企业。在这个过程中，我深深地感到，虽然国内已经有了良好的商业氛围，但在面对复杂的商业事务时，国内的商务人士明显缺乏足够的商业能力来应对。此外，我还发现，在日常生活中，大多数人也都没有成熟的商业技巧来恰当处理诸如房屋买卖、职场薪资、服务投诉等关乎自己切身利益的事情。

与此相对应的则是欧美国家发达的商业文化，不仅欧美的商务人士有丰富的商务经验和成熟的商业技巧，就连欧美的普通人也都非常善于表达和谈判，我想这也许和欧美国家大多以商业立国，以及他们有几百年商业文明的积累密不可分。

但在这个全球一体化的时代，竞争没有国界，谈判不分对手，所有人都被迫走上商业的舞台。于是，我便萌生了普及商务经验和商业技巧的想法，我想尽我微薄之力，来“让普通人谈判不吃亏”，让那些或主动或被动参与商业竞争的人都能在谈判中有所收获，而不是血本无归。

感谢中国友谊出版公司和编辑们能让我的这个理想得以落地。希望我根据自己多年商务谈判经验，并结合国内外先进谈判理论而提炼总结的这套实战谈判技巧，可以帮助读者朋友们在谈判中不吃亏，甚至收获满满。

如果你们希望和我有进一步的交流，来讨论具体的案例，可以通过下面的方式找到我：

邮箱地址：a_lex@126.com

微信公众号：舌尖赢家

知乎：谈判教练谢辉

微博：谈判教练谢辉

谢辉